ちょっとしたことで

「かわいがられる」人

山崎武也
Takeya Yamasaki

三笠書房

はじめに

「人もチャンスも引き寄せる人」が大事にしていること

何か時間と努力を必要とすることについて力を貸してくれと依頼されたとき、相手が知らない人であれば、まずは即座に断る。知っている人であれば、「前向きに検討する」姿勢は示すものの、それほどに親密な間柄でないときは、一所懸命になって取り組むことはしない。

しかし、自分が抱いている好感度の高い人、特に、特別に目をかけてかわいがっている人の場合であれば、何とかしてやろうと全力投球をする。頼まれたことの優先順位は高く、作業に取り組む意気込みにも並々ならぬものがある。

このような違いは、一般の生活の場だけではなく、すべてビジネスライクに処理していかなくてはならない仕事の場においても、微妙なかたちで現われてくる。

すなわち、かわいがられていれば、人生のあらゆる場面において、事がスムーズに運び、フルに面倒を見てもらえる結果になるのである。

となれば、人にかわいがられる人間関係をつくるようにするのが得策だ。そのためのヒントの多くは、幼児の振る舞いに見ることができる。幼児の言動をつぶさに観察し、分析していけば、人にかわいがられる条件のいくつかが見えてくる。

上手に甘えるのは、その一つである。相手を信頼しきったうえで、全身全霊を委ねている。それを拒否すれば、非人間的な対応になってしまう。

幼児はわがままであるが、その自己主張には邪心がない。大人に対して、自分の率直な要望をストレートにぶつけている。この姿勢の背景にも、相手に対する全幅の信頼がある。完全に信頼されていることがわかれば、その信頼に応えようと懸命の努力をするのが人の道である。

しかし、いろいろな人にむやみやたらにかわいがられても、まったく意味がない。信頼を寄せるに足ると決めた人に対して、かわいがられるように努めてみる。そうすれば、よい人に囲まれ、より快適な人生を歩んでいく結果になるはずだ。

かわいがられる人になるためには、お世辞にならない程度に、またそのようなかたちで人を持ち上げ、へつらいにならない程度に、またそのようなかたちで人の気分をよくする言動を心がけるという、バランス感覚が必要である。

素直な気持ちで人の善意を信じ、常に感謝をする心構えもなくてはならない。
また、心身の健康を保つことも条件の一つである。かわいがられて、それを享受するためには欠くべからざる要因だ。

山﨑武也

もくじ

1章

この気配りができる人
――人を喜ばせる20項

2章

こんな性格の人

——相手を気分よくさせる20項

3章

こんな行動をとれる人
――まわりに信頼される20項

4章

こんな人間関係を持っている人

——「うれしい」を共有する20項

5章 こんな態度を見せる人
——かわいがられる人になる20項

1章

この気配りができる人

――人を喜ばせる20項

「送っていきましょう」といえる人

わが家には車がない。都心に住んでいるので、買い物など日常の用事の大半は徒歩ですませることができる。徒歩で二十～三十分以上かかるところであれば地下鉄を使えばよいし、タクシーを使っても、それほどの料金にはならない。だから、車を所有する必要性が、まったくといってよいほどないのである。

それはさておき、私に車がないことを知っている目下の人から、ホテルなどでレセプションや会食があったとき、車で送っていきますという申し出を受けることがよくある。その人の家の方向とは逆のときは断るが、自宅が比較的ホテルに近いこともあって、私の家が同じ方向のときは遠慮なく好意に甘えることにしている。そのほうが、その日の集まりに関する感想などを話し合って、余韻を一緒に楽しむことができるという利点もあるからだ。

ところでそのような、送ろうという申し出をする人のいい方に、二通りある。**「送っていきましょう」**というのと、**「送っていきましょうか」**の二つである。

前者のいい方をしてくれる人には、即座に「お願いします」ということができ

る。相手の好意に対して、率直に応じることができるのである。逆に断ったりすれば、せっかくの好意を無にすることになる。相手が近づいてきたのに対して、それ以上近づくなと拒否し、相手の好意に対して水をかける感じにもなる。

しかし、同じ申し出でも、「送っていきましょうか」と疑問形になると、ちょっとニュアンスが異なってくる。もちろん、根底には好意があるのだが、ちょっとした「わだかまり」が感じられなくもない。どうしても送っていきたいという「熱意」までは感じられないような気がするのである。

したがって、いわれた側としては、一瞬どうしようかと考える。無意識のうちに、心から送ってあげたいと思っているのか、それともただ儀礼的にいってくれているだけなのかなどと考えてしまう。そうなると、こちらも「儀礼的に」断ったほうが無難かもしれないなどと思うのである。

「送っていきましょう」「荷物を持ちましょう」。どんな場合でも、人は、何かをしてあげようという申し出を受けたら、うれしく思うものである。だからこそ、疑問形でなく、積極的に「してあげましょう」といわれるほうが、そのうれしさは倍増する。

2

「もてはやされたい」願望を満たせる人

仲の悪い二人がいる。いつも陰では悪口をいい合い、会えば会ったで相手に罵詈雑言《ばりぞうごん》を浴びせ合う。お互いに相手を見る目に険があり、まさににらみ合いである。常に相手を意識し、敵愾心《てきがいしん》を燃やしている。第三者の目から見れば、あまりにも露骨だと思われる。

ところがそんなときに、一方が争うことをやめたらどうなるか。相手が自分を非難しようが罵倒しようが、それに対して何も反応しない。話しかけてきても返事もしないし、憎悪の目でにらんできても、まったく相手にしない。もちろん、自分から何のアクションも起こさず、相手を見ようともしない。

つまり、完全に無視するのである。これでは話にならない。相手を悪くいうネガティブなコミュニケーションさえも、相手が受け取らなければ成立しない。「仲が悪い」という限りは、少なくとも一応は「仲」、すなわち人間関係がある。しかし、無視されてしまえば、「仲」自体がなくなる。相手の世界の中で、自分の存在は認められていないということになる。

したがって、人間関係は悪くいわれたり敵対視されたりしているうちが花ということだ。人に無視され、自分の存在自体を否定されることがいちばん怖い。

逆にいえば人間は、できるだけ多くの人に、できるだけ多くの機会に認めてもらいたいのである。極端にいえば「もてはやされたい」のだ。人間はスポットライトを浴びたいという欲求があるのである。

この点を心得て、人とのつきあいに活用してみる。すなわち、**相手にスポットライトを当てる言動をするのである。**例えば、集合場所で皆が集まるのを待っているような場合に、先生格の人が現われたら、いち早く先生を認めて、「先生、おはようございます」というのも、一つのスポットライトの当て方である。

しかし、**「先生がいらした」というい方をしたほうが、さらに舞台効果は上がる。**「主役登場」の場を演出したかたちになり、皆の目を集中させることができるからである。

そのようにいわれた先生は、鷹揚《おうよう》に構え、皆に対してあいさつの言葉を発するはずだ。まさに主役がスポットライトを浴びて皆に対するという構図が出来上がるのである。そして、先生の頭の中には、スポットライトを当ててくれた人のことも強く印象づけられる。こういうところから、かわいがられる要素が整ってくるのである。

3
即座に相手の名前をいえる人

電話をかけてきて、こちらが「もしもし」と出た途端に、「あ、山﨑さんですね」と、私の名前をいう人がいる。私には名乗るひまもないが、すぐに自分の声を認めてくれたことに対して、気分の悪いはずがない。

声を覚えてくれているということは、非常に親しみを持って接してくれている証拠である。当然のことながら、こちらも相手に対して親しみを覚える。

最近は、発信者名などが電話機に表示されるサービスがあるので、必ずしも声を覚えているわけではない場合もある。それでも、すぐにこちらの名前をいってもらえれば、相手は自分とのコミュニケーションを積極的に望んでいると感じられてうれしい。できるだけ親しくなりたいという気持ちが伝わってくるのだ。

会合や道端で、思いがけなく出会ったときも同様である。ただ単に「こんにちは」とか「やあ」とかいうだけでなく、真っ先に相手の名前を呼んでみる。相手が誰であるか、すぐわかるというのは、その相手に対してかなりの関心を抱いているからである。

声をかけたにもかかわらず、「どなたでしたっけ」などといわれて、がっかりした思いをした経験は誰にでもある。自分は相手を覚えていたのに、相手は自分のことを覚えていない。相手は自分のことを歯牙《しが》にもかけていないのだと感じると、ときには腹立たしい気持ちにさえなる。

すなわち、**人の名前を覚えて、その名前をいってから話しかけるのは、相手に自分を認めてもらい、自分の名前も覚えてもらう第一歩である。**

日本のビジネスの場では、社長だとか部長だとかの肩書きだけで呼びかける場合が多い。社内的には社長は一人しかいないから、それでもよいかもしれない。しかし、部長は何人もいるであろう。

名前で呼ぶことは、その人の個人としての尊厳を尊重することである。肩書きで呼ぶのは、その人が手に入れた地位と、その努力に対して敬意を表することだ。したがって、肩書きだけでは人間対人間のつきあいをしようとする姿勢が感じられない。名前で呼んで初めて、親しさの発展を願う気持ちが表明されたことになる。

機会のあるごとに、相手の名前をできるだけ頻繁に呼ぶ。それを繰り返すことによって、自分の「思い」が通じるようになる。自分のことを認めてくれる人を「よい人」だと思わない人はいない。

4

すぐに「後始末」をする人

私が指導者となっている勉強会がある。日本文化を勉強することによって、欧米主導型の科学文明の是非なども考えてみようとする会だ。月に一回であるが、貸し会場を借りて開いている。教室スタイルに配置してあるテーブルや椅子は、幹事役の人が早めにきて会議室スタイルにしておくことになっている。

会が終わると、元の教室スタイルに戻しておかなくてはならない。また、会の途中の中休みにはお茶とお菓子などが出るので、湯飲み茶碗や多少のゴミの回収もしなくてはならない。これらの片づけは幹事役の人が率先してするのだが、最初のうち、その手助けをしようとする人たちは決まっていた。

あるときから、私もテーブルや椅子の移動を手伝い始めた。すると、ほとんど全員が協力して後始末の作業をするようになった。しかし、尻の重い人も何人かいる。骨惜しみをする人は、それが癖になっているのだ。散発的に手伝うが、いわば手を添える程度であって、お茶を濁しているにすぎない。しゃべるほうに忙しく、口は動いているが、手の動きは鈍い。

後始末は自分でするというのが原則だ。それが習い性となっている人は、見ていても気持ちがよい。自然に身体が動いている感じである。

レストランやホテルなどの会場であれば、使ったグラスや湯飲みなどは従業員が片づけてくれる。下手に手伝うと手順を狂わせてしまうこともあるので、任せておいたほうがよい。しかし、そうでないときは、各自がちょっと身体を動かすことで作業がはかどる。例えば、湯飲みやグラスをテーブルの端にまとめておくとか、床に落ちているゴミがあれば拾っておくとかの、極めて簡単な作業である。

しかし、これが常にできるかどうかは、それを義務であると考えるかどうかとか、その意欲があるかどうかとは、あまり関係がない。習慣の問題なのである。

家庭で食事をしたときに、皿を流し台のところに持っていくなど、ちょっとした手伝いをしているかどうかが、外に行ったときにも現われてくる。それは男性であれ女性であれ、夫であろうと子供であろうと、「しつけ」のできている人にとっては、自然な行動様式になっているのだ。

自分の後始末はできるところまで自分でする人には、愛すべき機敏さとすがすがしさがある。こういう人は、一緒に行動していて、まったく抵抗を感じない。

5

人の好物を覚えている人

最近は、すし屋に行くことは滅多になくなった。家で食事をとることが多くなったのと、年齢相応に、できるだけ生ものは避けようと努めているからだ。好き放題に食べれば勘定が高くなるというのも、理由の一つかもしれない。しかし、すし屋はスナック風に手軽に食べるには便利のよいところなので、巷で遊び歩いていたころは、よく利用していた。

私は刺身やすしを食べるとき、しょうゆを使わない習慣なので、行きつけの店ではそれを覚えてくれている。しかし、一カ月くらい前に一度行っただけの店でも、再び訪れたときに、それを覚えていてくれるとうれしくなる。カウンターに座ると店の人がしょうゆを注ごうとする。そこで、私を覚えている職人が「この方にはしょうゆはいらない」などといってくれると、そういう人とはすぐに仲よしになっていた。

プロだから当然であるともいえるが、よく行く料理屋の女主人でなかなか覚えようとしない人もいるから、やはり客に対する関心度の問題であろう。

客は大勢やってくる客の中の一人である。しかし、再び訪れるということは、その店に対して客は客なりの「思い入れ」があってのことだ。ましてや、頻繁に利用する客となると、店に対する愛着にもかなりのものがある。それだけに、客としては、「特別な客」として遇してもらいたいと思っている。

さらに客としては、店の人が顔を覚えてくれるだけでは十分でない。自分の好きな飲み物や料理について覚えておいてほしい、と無意識にではあるが思っている。

これは、店屋は飲み物や料理を売って料金をもらっているのであるから当然の理であるともいえるが、普通のつきあいの場でも同様である。**一緒に食事をしたことのある人について、その人の好物を覚えておいて、次に会ったり食事をしたりする機会のあるときに話題にすれば喜ばれる。**「チーズがお好きでしたよね」とか、「ワインは赤のボルドーでしたよね」とかいわれると、いわれた相手としてはご機嫌になる。自分のことについて、そこまで気を配ってくれているのかと喜ぶ。

特に、食事をごちそうするようなときは、相手の好きなものがある店にしなければならないが、相手に「どのような料理がよいですか」と聞くのは、まったく野暮というほかない。**普段からの観察が大切なのだ。**日本料理などの軽いものが好きな人に、こってりとしたフランス料理の店を選んだのでは、せっかくの好意も無に帰してしまう。これは野暮の骨頂であり、人から疎《うと》まれる結果になる。

6 個人的なことをさりげなく祝える人

年をとることに対する考え方は、人によってまちまちだ。早く年をとって大人になりたいと願う子供がいるのは当然として、二十代後半の女性でも、早く四十代の成熟した女性になりたいという人もいる。しかし、年をとりたくない、「年寄り」になりたくないと考える人が一般的である。身体の衰えと共に、記憶力をはじめ頭脳の働きも鈍くなってくるので、年をとるのを歓迎したくないのも当たり前であろう。

しかし、年をとりたくないと強く意識している人でも、ほかならぬ、その年をとる日、つまり誕生日の到来は歓迎するものだ。自分がこの世に生まれてきた日はやはり、特別な感慨を催すのだろう。

したがって、誰でも誕生日を祝ってもらったら、うれしく思う。特別の食事をしたりバースデーケーキの前でハッピーバースデーの歌を歌ってくれたりしなくても、「誕生日おめでとう」といってくれるだけで十分だ。よほどひねくれた人でない限りは、そういわれれば満面の笑みと共に「ありがとう」という言葉が率直に口から出てくるはずだ。

そこで、家族の中では当然のこととしても、仕事の場などで密接にかかわり合いのある人については、誕生日を覚えておいて、祝意を表してみるとよい。ただし、それほど親しくない人にまで「おめでとう」をいうのは、逆に慇懃無礼《いんぎんぶれい》になるきらいがあるので注意を要する。このような「極めて個人的」なことについては、心をこめなくてはまったく意味がない。「事務的」になり、形式化してしまっては、何の有難味もなくなる。

相手と自分との関係をよくよく分析してみて、相手が素直に祝意を受け取ることができる背景ないし環境があることを確かめるのが先決だ。なれなれしいと思われる可能性があるときは、慎重に構え、よく考えたうえにしたほうが無難だ。

しかし、**相手が職場の上司であるとか「先生」であるとかの場合は、カードを送ったりメールを出したりしてみる。**直接にいうのではなく、カードやメールというコミュニケーションの伝達手段を通すことによって、個人的ななれなれしさが多少なりとも希薄になる。**面と向かっていわれたら恥ずかしがる人でも、まったく抵抗なく受け取ることができる。**誕生日を覚えていることによって、その人の存在がこの世で貴重なものであるというメッセージは的確に伝わり、その気持ちは相手の心に印象的に記憶されるのだ。

7

「たまに」お返しをする人

会社の上司など目上の人がごちそうをしてくれるのは、ごく自然な成り行きである。もらっている給料の金額も多く、それだけ使える金もあるので、それほど遠慮をする必要はない。素直にごちそうになり、その厚意に対して感謝の意を表明すればよい。

しかしながら、そのような場合が何回か続くと、そのうちに慣れてしまい、有難味が徐々に希薄になってくる。ごちそうしてもらうのは当然の権利であるかのような考え方になってくる。上司としても、相手が一応は感謝しても、それほど有難がっていないように感じると、物足りない。

そのようにマンネリ化してしまうと、上司と部下の関係もうまくいかなくなる。そこで、ちょっとした刺激を与えてみる。**たまにお返しをするのである。**ただし、間違っても上司がごちそうしてくれたときよりも格が上のレストランなどを使ってはいけない。それでは、それまでの上司の好意に対してケチをつけて、上司に恥をかかせる結果になりかねない。

連れていってもらった店よりも多少グレードが下の店、できれば、上司が普段は訪れる機会がないような種類のところにする。若者が集まる流行の店とか場末の居酒屋とかである。上司としては、「未知との遭遇」ともいうべき刺激を受けて、楽しめる。お返しに使った金額は、上司がそれまでに使った金額に比べれば非常に小さいものであっても、上司が感じる価値はかなり大きい。

上司としては、普段自分がしていることに対して、口先の感謝だけではなく、実際に有難く思っていてくれたという証拠を見せられたようなものだ。しかも、ただ単にお返しをするだけでなく、自分を喜ばせようと考えてくれたことに対して、部下の誠意を感じるのである。

このようなお返しは、たとえ相手が大金持ちであっても同じように効果的だ。**ごちそうをするために使った金額は、あまり関係がない。**大切なのは、自分が喜んでいるという事実を伝えるために、相手を喜ばそうとする気持ちである。

しかし、たとえ少なくても、お金という「気持ちの伝達媒体」を利用したからこそ、気持ちを有効に伝えることができるのである。使う金額は小さくても、その金が発揮する力は非常に大きい。生きた金の使い方の一例である。「頭」を使えば「金」も上手に使える。

8 「ほめ上手」「ほめられ上手」の人

私たち古い年代の者、特に男性の場合は、目の前にいる人から直接ほめられると、身の置きどころのない思いをする。即座に「謙譲の美徳」を発揮して、自分はほめられるには値しないといってみたり、場合によっては聞こえなかったふりをして話をそらせたりすることもある。

身につけているものなど、些細《ささい》なことをほめられても、素直に受け入れることができない。「素敵なネクタイですね」といわれても、「そうですか」などと気のない反応を示したり、「安物の古いものですよ」などとネガティブなことをいったりする。

しかし、相手はほめることによって喜ばせようと思っているのであるから、「ありがとう」といって相手の好意を素直に受け取れば、その場の雰囲気も明るくなる。大したものではないという意味のことをいったのでは、「素敵」といってくれた相手の審美眼に対してケチをつける結果にもなりかねない。相手はあれこれ品評をしていったのではなく、目についたものについてポジティブな印象をいってくれただけなのであるから、こちらも「社交的」に有難く受け入れるのが自然だ。

そのうえで、相手のほめ言葉を補強するような情報があれば、つけ加えるとよい。

例えばネクタイの場合であれば、「先月パリに行った友人が買ってきてくれたものだ」というようなことである。すると、そこからどこのブランドかなどの質問も出てきて、楽しい会話への糸口にもなる。話は自慢にならないように盛り上げていくのが、人とのつきあいの極意である。

ほめられたからといって、そこで調子に乗って自慢たらしく微に入り細にわたって説明などをしては駄目だ。ごたくを並べ始めたのでは、相手はうんざりしてしまう。そのうちに「あの人をほめると、長々と自慢話を聞かされる羽目になる」という評判になり、誰も何もほめてくれなくなる。最後には近寄ってきてもくれなくなるかもしれない。

ところで、人にほめられて、ただ単に喜んでばかりいたのでは、気配りに欠ける。**ほめられたら、そのお返しに相手をほめるというのが原則だ。**相手のどこかによいところを見つけて、その点についてほめるのである。お互いの気持ちによい刺激を与え合うことによって人間関係が活発になり、スムーズな交流がなされるようになる。「ほめ上手」になると同時に「ほめられ上手」になるのが、人に愛され人気者になるコツである。

9

「ありがとう」+一言がいえる人

最初に自分の書いた本が出版されたときは非常にうれしくて、親しい友人や知人などに片っ端から贈ったものだ。祝意を表してくれた人もいれば、受け取ったこともいってこない人もいたが、それほど気にはならなかった。自分の本が本屋の店頭に並べられるという満足感が大きく、それに比べると、友人や知人の反応に対する関心度は低かったのだ。

ところが、執筆も私の仕事の大きな部分を占めるようになってくると、親しい友人たちの率直な感想や意見が非常に貴重になる。執筆の姿勢に対する忌憚《きたん》のない意見は、将来の参考になることが多いからだ。したがって、常にきちんと読んで感想をいったり書いたりしてきてくれる友人には、現在でもときどき自著を贈っている。

何の反応も示さない友人には、二度と贈ることはない。自分としては、原稿用紙のます目を一つひとつ埋めていったうえで出来上がった本だ。それなりに一所懸命に努力したという思い入れがある。「面白かった」とか「最近はあのような考え方をしているのか」とかの一言でもよい。何らかの所感がほしい。ただ単に「送ってくれてありがとう」では、報われた気持ちがしない。

贈った側の気持ちに応えるような、贈られた側の気持ちを表わす「色づけ」がほしいのである。**いつも机の上に置いてあるとか、本箱の最もよく見えるところに入れてあるとかいわれれば、うれしく思う気持ちも倍増する。**

これは本に限らない。例えば食べ物を送ってもらった場合であれば、好みの薄味で酒のつまみに最高であったとか、子供が非常に喜んだとか、ちょっとした事実をつけ加えてみる。民芸品であれば、棚の上に置いて眺めている、の一言をつけ加えるのだ。

そのようにいわれると、送ったほうも相手が喜んでいる様子が想像できる。通り一遍の感謝の言葉にはない積極的なメッセージが伝わるのである。

お礼をいうとき、「本体」ともいうべき感謝の言葉だけでは、感謝の「気持ち」は十分に表わされない。ちょっとした「エクストラ」として、もらったものに対する自分の環境下における情報とかコメントとかをつけ加えるのである。そのエクストラは小さなつけ足しであるが、実際に相手の気持ちに訴える効果は本体をはるかに超える。人に感謝されて喜ばない人はいない。さらに感謝されていることを具体的な言葉で確認したら、満足感でいっぱいになる。

10

小さなことほどケチらない人

新しく都心にできたホテルに招待された。一泊したうえにホテル内にある好みのレストランで夕食と朝食ができるという内容だ。ホテルは自宅から比較的近く、三十分も歩けば行ける距離にある。よいレストランがあれば、これから利用できるかもしれないと、期待に胸をふくらませて夫婦で出かけていった。

高層にある部屋からの眺めは素晴らしいもので、遠くまで見渡すことができた。夕食は最上階にあるレストランでフランス料理を食べることにした。眼下に広がる夜景だけでも立派な「ごちそう」である。ワインも一杯サービスとしてついている。まさに至れり尽くせりの歓待というべきで、気分は上々、至極満悦の情況にあった。

ところが、サービスのワインをグラスに注いでもらった途端に、盛り上がっていた気分が冷めてしまった。赤か白かと聞かれて赤を選び、ボトルが運ばれてきて、ボルドーの何とかであるといわれたところまではよかった。しかし、注がれたワインの量が試飲のときの量に毛の生えた程度であったので、途端にがっかりした。奈落の底に突き落とされたとはいわないまでも、階段の下に下ろされたような気分だった。

一般的に日本のレストランで供されるワイン一杯の量は、欧米の場合に比べると、かなり少ない。しかし、日本には日本のスタンダードがあるのだろうから仕方がないと諦めている。ところが、その日本の標準と比べてさえはるかに少ないと、欲求不満に陥ってしまう。

酒飲みは、酒の質や量のちょっとした違いにも敏感に反応して、相手の気持ちを推し量ってしまうものだ。無料招待だから少なめにしたのであろうかと、ひがんで考える。しかし、一泊二食付の招待をするコストに対するワイン一杯の料金の比率は、極めて低いものだ。**小さなところでケチをしたために、招待というせっかくの行為にマイナスの印象を与えてしまった。**

こうなると、落ち着いたソムリエの物腰までが、すべて慇懃無礼に見えてくる。まったくかわいげが感じられなくなるのである。

ホテルのオーナーであったら、招待客に対しては、十分に満足してもらおうと思って、できるだけのサービスに努めるはずだ。客に愛されようとする心がけに徹するに違いない。ところが、今回のことではまさに「九仞《きゅうじん》の功を一簣《いっき》に欠く」という感じを受けた。その第一印象が強烈なかたちで頭の中に残っているので、私はそれ以後、まだそのホテルのレストランは利用していない。

11

「さすが」といって感心する人

人はほめられれば気分がいいものだ。あまり見えすいたお世辞でない限りは、自分が正当に評価されたと感じて、満たされた気持ちになる。そして、ほめてくれた相手に対して好感を抱き、「味方」と見なすようになる。人は無意識のうちに周囲の人たちを「味方」と「敵」、それに「中立」と心の中で色分けしている。それゆえ多少オーバー気味であっても適切なかたちでほめてくれる人を「味方」のカテゴリーに入れるのは当然である。

ほめ上手はただ単にほめるだけではなく、「さすが」という言葉をつけ加える。すると、ほめる効果がさらに大きいものになる。「さすが」というときは、相手が世間から「できる人」だといわれていることを認めたうえで、改めて今、相手がしたことに対して感心する気持ちを表わす。これは優れている点を再確認した「感動」が表に出てきた状態でもある。

そうなれば、いわれた本人としては、自分をそんなに高く買ってくれているのかと、相手に強い親近感を覚えるのである。その相手が目下であれば、信頼できる「腹心」

と見なすようになる。味方中の味方としてかわいがるようになる。

さらに、「さすが」といったうえに、「自分には真似ができない」とか「自分には考えも及ばない」とかいえば、相手の喜びは一層強くなる。自分より一段上の次元にいるというのであるから、文字どおり「持ち上げる」結果になる。

よく年配の人にかわいがられ、「ジジイキラー」などといわれる人がいるが、この人たちは、この点をよく心得ている。見識の高い年寄りが、ちょっとした殺し文句をいわれていい気分になり、年がいもなく「感情」に左右されることになるのである。

人情の機微を利用して人を騙《だま》すのはいけないが、より一層親密なコミュニケーションを図るための道具としてほめ言葉を使うのは、大いに歓迎されるべきであろう。こうした言葉はお互いの気持ちの交流を促す糸口としては極めて効果的である。

先日、私の著書の企画について出版社の人たちと話し合ったとき、私なりのアイデアのいくつかを述べた。すると「さすがは先生だ。われわれよりもっと深いところを考えていらっしゃる」などといわれた。それほど深くはないのでお世辞半分であるのはわかっているが、気分はよくなる。期待に応えるべく、少しでもよい内容のものにしようと積極的な意欲が湧《わ》いてくる。つまり、ほめられれば非才も全力投球をするので、それなりの成果は上がるのだ。

12

「聞こえないふり」のできる人

あるとき、数人であちこちのレストランについて、料理のおいしさやサービスの善し悪し、雰囲気の独自性などを比べて話していた。それぞれ自分の経験に基づいて意見を述べたり好みを主張したりして、レストランの品定めをしていたのである。

そのうち話に夢中になって、一人がある店について、一般的に高い評価を受けているようであるが、それほどのところでもないというようなことをいった。そういった途端、彼は、その場にいる友人が以前連れていってくれた店であることに気がついたが、後の祭りだった。彼は友人が瞬間的に渋い顔をしたので、どう言い訳をしようかと思うと同時に、友人になじられても仕方がないと覚悟した。

ところが、その友人は即座にほかの店の話をし始めた。**あたかも彼の話はまったく聞こえなかったかのように、自然に話を変えたのである。**彼は助かったと思うと同時に、その友人の気配りに感謝した。

ついうっかりと失言をすることは、誰にでもある。それを一つひとつ俎上《そじょう》にのせて、問題にしたり詰問したりしたのでは、無駄な争いが起こる可能性がある。少なくとも気まずい雰囲気になるのは間違いない。失言した本人が気づいたときは、その後の語調に変化が現われるので、すぐにそれとわかる。本人が悪いことをいったと思って反省しているのであれば、それに追い討ちをかける必要はまったくない。

議論をするのが目的の場であれば、たとえ相手が失言であると認めて謝ったとしても、さらに追及してみるほうがよい。そうすることによって、相手の本音の部分を探り出すこともできる。誤解で終わらないためにも議論をして、お互いに意思の疎通を十分に図ることが必要である。

議論の場では、言葉尻をとらえたり揚げ足をとったりするのも、相手の真意を知るために極めて有効な手段である。しかしながら、単なる社交の場では、そのようなことをして事を荒立てるのはマイナスの結果しかもたらさない。そもそも社交の目的は、お互いに仲よくすることである。その点を忘れるべきではない。

人の失言には、気づかなかったり聞こえなかったりするふりをする。また、**相手がせっかく気づかなかった「ふり」をしてくれたにもかかわらず、謝るのは野暮の骨頂だ。** 謝ったりしたのでは、せっかくの相手の好意を台無しにしてしまう。好意に対しては甘えるのが自然である。

13

まず「自分」を反省できる人

十数人の女性グループの人たちに、指導する立場にある人が、みかんが入っている箱を持ってきて、「おみやげに二個ずつ持っていってください」といった。ものがもらえるというので喜ばない人は例外的だ。皆、うれしそうにして寄ってきた。

真っ先に手を出した人に対して、指導者が「選ばないで」と声をかけた。みかんは高級店で買い求めたものであるから、大きさも質もほぼ均一である。しかし、ベテランの主婦の目から見れば、やはり微妙な違いがあることは否めない。本能的によりよいものを選ぼうとする意識が働く。しかし、指導者の慧眼《けいがん》は、そのような微妙な雰囲気を見逃さない。そこで、選ばないで次々に取っていくようにという発言になったのだ。

それに対して「私は選んでいません」という発言が返ってきた。当然、注意を促した人としては気分がよくない。小賢《こざか》しい反論めいた言葉には、素直さやかわいらしさがまったくない。自分は悪くないと主張することによって自分を守ろうとしているからである。

真っ先に手を出すのは、素直ゆえの場合もあるが、総じてでしゃばりの人である証拠である。われ先にと自分を前面に押し出す性癖のある人だ。こういう人は、自分が戒められたと考える謙虚さがない。出る杭は打たれる。才能があるために目立つ「杭」を打つのはよくないが、でしゃばりのために「出る杭」は打たれても仕方がない。

何か自分の言動について注意をされたら、たとえ自分に悪いところはなかったと思っても、少なくとも悪いと疑われたことに対して反省してみる。謙虚な姿勢に徹して人のいうことに耳を傾け、自分の至らなかったことに思いを及ぼしてみる。そのような心構えがあれば、注意されたとき、まず「はい」と素直な反応ができるはずだ。

説教は神妙に聞くものである。頭を垂れてその「教え」の言葉の端々について考えを巡らせ、自分の言動の一つひとつをチェックしてみる。その教えなり注意なりを「心の糧《かて》」にして、自分にさらなる磨きをかけていくのである。

説教に対して反論をしていたのでは、そのうちに説教もしてもらえなくなる。人から見放されてしまったら終わりだ。嫌われるどころか相手にもされなくなってしまう。

14

相手が「知りたいこと」を話す人

休みの日に自宅で食事をするときは、軽めにするのが習慣になっている。普段は酷使している胃腸の負担を軽減してやろうという気持ちからである。また、半ば無意識のうちに、働かざる者食うべからず、という原則を守ろうという気持ちもある。

そのような日の夕食の典型的な組み合わせの一つに、ワイン一杯にチーズとパンというのがある。すべて少量ずつだから、質的には上等なものにしている。ワインは試飲会で念入りに選んだ赤ワインで、パンはお気に入りの何種類かのうちの一つだ。チーズは以前は近所の有名な高級スーパーマーケットで買っていた。妻の夕方の買い物についていって、一緒に物色していたのである。

その店にはチーズに熟知した専属の女性販売員がいて、親切に相談に乗ってくれた。たまにしか行かない私の顔も覚えていて、明るい笑顔であいさつしてくれる。私たちが知らない種類については、気軽に試食をさせてくれ、説明してくれる。質問に対しても、一つひとつ丁寧に答えてくれた。私たちの好みをよく理解したうえで選んだりすすめたりしてくれるので、買った後で失望することはなかった。だから、私たちは彼女に全幅の信頼を寄せていた。

サービス精神あふれる彼女の応対ぶりのために、チーズ売り場には活気があり、次々と買っていく客が多かった。しかし、その女性が突如としていなくなり、代わりに若い女性の販売員が担当するようになった。ほかの客に対する説明を聞いていると、十分な知識はある様子なので、前の女性を懐かしむ気持ちは残しつつも、私は一応、ほっとした気持ちになっていた。

そこで「塩分が少ないのが欲しいのですが、どれがよいですか」と聞いてみたのである。ところが、彼女はその質問に答えないで、いきなり「お客さんは、かまぼこを食べるでしょう。チーズの塩分はかまぼこよりも少ないので、大したことはありませんよ」と、まくし立てたのである。私たちが「ああ、そうですか」といって、即座に立ち去ったのはいうまでもない。

客の質問に答えないで一方的なメッセージを浴びせかけるのは、客に対して失礼であると同時に迷惑なことである。客は欲求不満の状態に陥ってしまう。客はチーズに関する「知識」を求めているのではなく、自分が欲しい「商品」を求めているのだ。自分勝手なことをいう、かわいくない販売員のところに、私たちが再び立ち寄ることはなかった。それ以来私は、チーズだけはほかの店で買っている。

15
「もの」を売るより「気」を買う人

デパートは文字どおり「百貨店」だ。百貨すなわち、いろいろな商品を売っている。最近は惣菜などもあらゆる種類が売られているので、既製のものを買ってきて、そのまま食べる家庭も多いだろう。特に家族が少人数の家庭にとっては、そのほうが食材を買ってきて料理するよりも、経済的に好都合だし、手間が省けて助かる。

だが、店や惣菜によっては、必ずしも味見をさせてくれるとは限らない。したがって、おいしそうだとは思っても、自分の好みの味になっているかどうかについては、不安がつきまとうのも事実だ。買って帰って食べてみたら、塩辛くて結局は捨てる羽目になる場合もある。そこで、初めて買うときは、「試食」のつもりでできるだけ少量を買うのが、賢明かつ慎重な人のすることである。しかし、おいしそうだと思って、つい多く買ってしまう人も多い。それゆえ、多めに買おうとする客に対しては、今までに買って食べたことがあるかどうかを必ず確かめる販売員がいると親切である。初めてだという人に対しては、少なめにすることをすすめる。

販売員は売り上げを伸ばすように指示されているはずだ。だから、客には、できるだけ数量を多く売ったほうが有利である。しかし、その意図が見え見えのときは、客も抵抗感を感じる。そんなときに、**客の立場に立って考えられる販売員がいると、さわやかな印象が残る。**細かく気を使ってくれていると感じて、心が引きつけられる。そして、その印象を確かめるために、客はまた同じ売り場を訪ねてみようとすることになる。その結果、さらに売り上げは増大するのである。

　商品を多く売ろうとするあまり、「押し売り」のニュアンスが出てきたら危険信号だ。ものを「売る」ことよりも、客の関心を「買う」ことを考えたほうがよい。押しても駄目なら引いてみよ、といわれるが、**人の気持ちを買おうとするときは、押すよりも引くほうが効果的だ。**押せば逃げていき、引けば寄ってくるのは、この世の大原則だからである。

　このことはサービス業に限らない。押し売りは成功する確率が低いうえに、たとえ成功したとしても一回限りだ。人からは恨まれ疎まれ、世間が狭くなる一方である。当面、自分の利益は少なくなっても、相手の利益を考えることによって親しくなり、そこからお互いの利益を図る関係を発展させていく。そのような考え方をしていけば、自分の仕事も徐々にではあっても着実に伸びていく。たとえ一介の販売員や会社員であってもそのような姿勢を続けていけば、どこに行っても、愛される人になる。

16

必要なとき必要なことがいえる人

外で食事をする利点は、何らの準備や後片づけもしないで食べられるからというだけではない。普段とは異なった雰囲気の中で、家庭とは異なった味の食べ物や飲み物に出合える点にもある。

メニューを見て、食材や料理法についてよく知らない場合も、未知なものに対する期待と、ちょっとした恐れとが入り交じった感情を抱きながら、注文した料理が出てくるのを待つ。そのスリリングともいうべき気持ちを味わうのが、外食の大きな楽しみの一つである。だから私は、メニューに書いてある説明だけから、自分の知識と経験に基づいて、それがどんな料理であるかを判断する。どうしてもイメージが湧かないときは店の人に聞く場合もあるが、普通は自分が想像ないしは期待する料理であろうと思って注文する。

ところがそんなときに、こちらが聞きもしないのに、「本日のおすすめ」とか称して詳細に説明されると、興を殺《そ》がれる思いがする。また、料理を出すときに、食材の一つひとつについて説明し、どのように料理したのかまでくどくど説明されるのも興ざめだ。客は自分の好きなように楽しもうと思ってきているのであるから、それに水をさすようなことはしてほしくない。

料理には「サイエンス」の要素も不可欠であるが、客の側から見れば、科学をしにきているのではなく、「アート」の世界に浸りにきているのだ。たとえ素材が何であれ、その科学的解明などは必要ない。ただ「おいしい」ことのみを求めている人にとっては、その理由を知る必要はない。未知は未知のままにしておいたほうがよい場合も多い。

きちんとした店やウエイターは、そのような点をよく心得ている。人の楽しみを奪うような、差し出がましいことはしない。**説明を求められたときにのみ、それも控え目に説明をするだけだ。**

そもそも、ウエイターという言葉は英語で「ウエイトする人」という意味である。すなわち、待ち受けて仕える姿勢に徹するということだ。客の動作を見守り、その要望に従って世話をするためには、万事控え目にすることが要求される。

すなわち、控えていながら客に目を配り、何か客にサービスを要求する気配が見えたら間髪を入れず、その役目を果たす。それが客の楽しみを増幅させることになり、客に愛される道である。

17

相手が「何を望んでいるか」で動ける人

最近は日本でも当然のように、おいしいスパゲッティが食べられる。しかし、私が学生のころは、スパゲッティといっても、うどんのように軟らかく茹《ゆ》でられたものしかなかった。一九六〇年代後半のニューヨークでさえも、硬く歯ごたえのあるアルデンテに茹でたものを食べるのは難しかった。そのころ、ニューヨークでトップといわれていたイタリア料理店で友人たちと食事をしたことがある。スパゲッティを注文するときに、私がくどくどと本格的なアルデンテにしてくれと念を押したにもかかわらず、出てきたのは茹ですぎてのびきった、軟らかいものであった。

高級料理店であるから、客としては筋が通ったことであれば、堂々と主張することができる。そこでつくり直させたのであるが、少しは硬くなったかなという程度でしかない。何回つくり直させても、結局アルデンテにはならなかった。確か五回目だったと思うが、私のほうが根負けして、軟らかいのを食べて一件落着となったのである。

それから約十年後くらいから、東京に新しくできたイタリア料理店で本格的なスパゲッティが食べられるようになった。何回か行くうちに一人のウエイターと仲よくなり、それからは彼の担当するテーブルを指定するようになった。

彼の運んでくるスパゲッティの出来具合がとびきりによい。その店で食べて不満足に思ったことはないが、ほかのウエイターの場合、硬さはそれぞれ多少異なっていた。ところが、彼のは常に絶妙な硬さで出てくるのだ。そこで、彼の動きを詳細に観察してみた。ポイントは、料理が出来上がったら直ちに客のところに持ってくるという迅速性にあった。

よく考えてみれば当然だ。料理人がいくらタイミングよく料理したとしても、客のテーブルに運ばれるまでに時間がかかったのでは、「風化」するのは避けられない。出来たてをすぐに持ってこなくては、「劣化」した料理になってしまう。**彼は料理人の動きを常に見ながら、料理を運ぶタイミングを失しないようにしていたのである。**

ウエイターの役目は、ただ料理を運ぶだけではない。料理人の真心を「熱いうちに」そのまま客に伝えることにもある。そうすれば、ウエイターの心も客に伝わる。彼にはその心構えがあった。

現在、彼は店長となって店全体を見ているが、ウエイターのときの心がけは忘れていない。常に四方に目を配って、客の要望を感じとり、おいしい料理を食べてもらおうとする姿勢を持ち続けている。

18

「二度目」のお礼がいえる人

食糧難の時代には、食事をごちそうになるというのは、大いに感謝しなくてはならないことであった。だから私は学生時代、友人の家で天丼の出前をとってくれたことや、休日に訪ねると常にすしをごちそうしてくれた親戚のことなどは、今でもその場面の一つひとつが記憶に残っているくらいだ。

したがって私は、一度ごちそうになると、その後、会うたびにいつも感謝の意を表明することにしていた。博徒の世界では、一晩泊めてもらって食事をごちそうになれば、一生を通じて恩に着なくてはならない。これを「一宿一飯の恩義」というが、程度の差こそあれ、私自身、学生時代まで、それに近い考え方をしていたのである。

ところが、最近は物質的に豊かな時代になり、普通に働いていれば食べ物に困ることはない。味の質についても、どこに行っても大体は一定の水準以上になっている。ちょっと探せば、安くておいしい料理を食べさせてくれる店も簡単に見つかる。また、簡便に食べ物を買ってくることのできるシステムも整っている。だから食事をごちそうしてもらっても、それほど有難味がない時代になった。

人によっては高級レストランや料亭に招待されても、有難く思うよりも面倒くさいといって億劫《おっくう》がる人さえいる。そのような人に対しては、ごちそうをした側が、相手がわざわざ時間を割いてきてくれたことに対して感謝しなければならない。

しかしながら一般には、食事をごちそうするというのはやはり、その理由が何であれ、相手に喜んでもらおうという気持ちが根底にあるはずだ。したがって、その好意に対しては、「深甚なる」感謝の意を表するのが人の道だ。

ところが、上司が部下に食事をごちそうした場合、かなりの程度のレストランであっても、その場でお礼をいわれるだけの場合が多い。次に顔を合わせても、もう食事のことなど忘れているかのようだ。非常に「ビジネスライク」で物足りなく感じる。上司に対して、再度感謝の意を表明する必要がある。

常に顔を合わせる機会のない間柄であれば、後からはがきやメール、その他の手段できちんと感謝の意を伝えるのは常識である。日時が経過した後でも、次に会ったときには再び礼をいう。**そのときは単に感謝の意を表明するだけでなく、「あのときは楽しい思いをしました」とか「あの料理は初めてだったので、印象に残っています」とかいうとよい。**懐かしむ風情を見せれば、ごちそうした人としても、またごちそうしようという気になるものだ。

19

好みをいうべきではないときがわかっている人

「老いては子に従え」という諺《ことわざ》がある。年をとったらでしゃばったりしないで、子供のいうことに従ったほうが賢明だというのである。逆に考えれば、若いときは年寄りのいうとおりにしたほうが無難だということにもなる。

現在のような自主自立や個性を重んじる時代にあっては、これはまったく時代錯誤としかいいようのない考え方である。自分の思うところに従い、自分で判断して行動するのでなければ、誰も相手にしてくれない。「年寄り」でさえも、見識のある人であったら、そのような独立精神のない人を軽視するのは必定《ひつじょう》だ。しかしながら、人生の重大な部分に関係する場面でなければ、目上の人に従ってみれば、それなりの効用もある。

一流大学を出て、業績のよい大企業に勤めている青年がいる。企業からアメリカの大学に留学させてもらい、エリートコースに乗っている。効率よく仕事をこなし、会議でも自分の意見を堂々と述べ、常に前向きの姿勢を堅持している。アメリカ仕込みのビジネスライクな行動様式で、自分の意思に忠実に従い、目的に向かって一直線に進んでいっている。

もちろん、その態度は仲間と一緒に食事をするときも同様で、そのときの自分の好みや気分に従って料理や酒を選び、人に追従することはない。ところが、そんな彼が、目上の人と一緒に食事をするときは、料理や酒の選択だけに関してではあるが、一変する。**目上の人と同じものを選ぼうとするのである。**

目上の人に先に注文してもらうようにしたうえで、自分も同じ料理にする。自分が先に選ぶ羽目になったときは、相手の注文しそうなものを何となく探り出して、それを注文する。まさに「長幼序あり」という原則を守って、年長者を先にし、それに従っているのである。

もちろん、これは食事の選択に限られていて、会話の内容に関しては、自分の考えをきちんと主張するのだが、料理の選択において同調したことで、何となく「主従関係」の雰囲気が醸し出されるのだ。普段はときどきえらそうなことをいう彼が、神妙にしているように見える。**かわいげがないと思っていた青年に、かわいげのある風情が見える。**

彼としては、食事に関しては自分より経験の豊富な目上の人に追従することによって、無意識かもしれないが、連帯意識があることを示そうとしているのだ。

20 相手が喜ぶわがままをいえる人

男性が何人かの若い女性をレストランに連れていき、「さあ、今日は何でも好きなものを注文してください」といって、ごちそうをする場合がある。彼が彼女たちにごちそうをする義務があるかないかは、まったく関係ない。年上の男性が食事をごちそうするときは、女性に「甘えられて」わがままをいわれても仕方がないし、また、それを期待する向きもある。

しかし、中にとびきり高価なのを注文する人がいると、ちょっと鼻白む思いになる。もちろん、好きなものをどうぞ、といった以上は、いちばん高価なものを注文されても仕方がないと覚悟はしている。にもかかわらず、白けた気持ちにならざるをえない。甘えられるという甘美な気分が忽然《こつぜん》と消えうせて、「強奪」されたに近い感じを受けてしまうからである。

そうなると、それまではかわいく見えた顔も、途端にかわいくなくなる。自分は「好きなもの」とはいったが、「高価なもの」といってはいない。その料理を彼女は本当に好きなのだろうか、それとも高価だからというだけで注文したのではないだろうか、などと考えてしまう。彼は突如として、下衆《げす》の勘繰りをする男に成り下がってしまうのだ。

そんなとき、逆にメニューを見ながら、あれこれと選択を楽しんでいる人がいると、救われた思いがする。**選ぶのを心から楽しんでいることが伝われば、それがごちそうしてくれる人の好意に対していちばん報いることになるのである。**また、そういう人は、「これにしようかな」などといいながら、勘定を持ってくれる人の同意をそれとなく確認しようとする。

そのような人には、率直なさわやかさがある。料理の選択には控え目でいながら、積極的に楽しもうとする態度は、食事の席を一層明るく楽しいものにする。

男性からすればごちそうをしようとしているのであるから、遠慮ばかりされたのでは、せっかくの好意が無になる。

しかし、相手の懐《ふところ》具合について多少は考えなくてはならない。たとえ相手が金持ちであっても、それはまったく同じだ。金は大切に使うものである。**人の金であっても、自分の金と同じように大切に考える心がけが必要だ。**そのうえで、女性は十分に楽しみ、相手にも楽しんでいるところを見せるのが、かわいい対応の仕方なのだ。

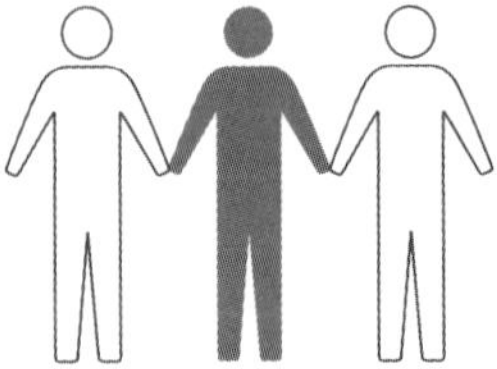

2章

こんな性格の人

——相手を気分よくさせる20項

21

絶対に待たせない人

　約束の時間を守るのが大切な点について異論のある人はいない。待たせると相手に多大な迷惑をかける結果になることは、自分が待たされたときのことを考えてみれば、誰の目にも明々白々である。約束の時間が過ぎると、相手が現われるまでの「刻一刻」に対して、「待つ」という行為が集中される。いらいらしながらいつ現われるかと、それればかり気になって、無為に過ごす羽目になる。

「時は金なり」という観点から考えれば、これほど欲求不満に陥ることはない。特に、外で待ち合わせをするときは、ほかに何かをしながら待つのも難しいので、迷惑度は大いに高まることになる。もちろん、携帯電話を持っている者同士であれば、どのくらい遅れるかを知らせたり、待ち合わせの場所や時間を再調整することも可能だ。しかし、まったく迷惑がかからないというわけではない。

　いずれにしても、人を待たせることは、その人の時間という財産を盗んだのと同じであるから「泥棒」である。したがって、自分の罪を悔いて単に謝ってすむものではない。犯した罪を償うぐらいの気持ちにならなくてはいけない。自分なりにできる罪滅ぼしを考えてみるのだ。

謝るにしても、執拗《しつよう》にすぎると嫌味になる。簡潔に理由をいってから謝る。しかし、遅れた理由は、どんなに正当性があるようなものであっても、待たされた者に対しては、まったく通用しないものである点を心得ておく。そのような心構えで謝るのだ。

仕事であれ遊びであれ、外で待ち合わせをするときは、約束の時間までに着いたとしても、相手がすでにきている場合は「お待たせしました」という。約束の時間の前であっても相手のほうが先にきていれば、「待っていた」ことには間違いない。その点に対する心遣いの表明をするのである。

ちょっとした一言であるが、それが、相手がたとえ一分でも二分でも待っていたことに対する感謝の言葉となる。約束の時間までにきたのだからと「大きな顔」をしていたのでは嫌われる。特に相手が目上の人のときは、相手を認めた途端に「小走り」になるくらいがよい。急ぐ必要はないが、待たせてすまないという気持ちを表明するのである。

それ以前の心がけとして、待ち合わせの相手が目上の人のときは、その人より前に着くようにする。そして「お迎えする」というかたちにする。そのへりくだった態度は、常に人の好感を誘う。

22

「人の助け」を素直に借りられる人

私が十一年あまり勤めていた会社を辞めて独立したのは、一九七〇年のことだ。当時、普通のサラリーマンがそれなりの企業を辞めるのは、特殊な事情がある場合に限られていた。例えば、外の企業で勉強した後で親がオーナーである企業に入り、家業を継ぐ場合などである。そうでなかったら、何か悪いことをして辞めさせられたのかと勘繰られる場合もあった。

私には継ぐべき家業はなかった。しかも、夜の巷で派手に飲み歩いていたうえに、会社ではニューヨークの現地法人出向中も含め、ずっと財務部門で働いていた。そこで、友人の中には、私が使い込みでもして会社を辞めさせられたのではないかと疑っていた者もいたくらいだ。

しかし、私としては、ニューヨーク時代に夜間の大学に通ってファッションやマーケティング、それに経営学などの勉強をしていたので、それを役立てて独立したかったのである。組織に縛られるのが極度に嫌だった。したがって、組織に頭を下げて何かを頼むということも避けたかった。相手が頼んできたら、仕事をしようという生意気な考え方であった。まさに「若気《わかげ》の至り」である。

ファッション産業が日本で盛んになり始めたころで、欧米のファッションの知識などが必要とされていたので、何とか生計を立てていくくらいの仕事は入ってきた。だから、できるだけ人の力は借りないようにしようとする姿勢を貫けた。

その後、結婚し、子供もできてからは柔軟な姿勢をとるようになったが、私の態度は基本的には変わっていない。しかし、コンサルティング契約をしてもらった中堅企業のオーナー社長に、こういわれたことがある。**「もっと近寄ってきて人の組織を利用しようとすれば、こちらももっと協力するのに」**と。

皮肉まじりの言だ。同じようなことをいった人は、ほかにも大勢いる。私は独立独歩を信奉するあまり、それほど実力がないにもかかわらず、「一匹狼」的になってしまっていたのだ。

若いころは特に、皆に「かわいげがない」と思われていたことは間違いない。頭を低くして人の助けを借りようとしていたら、もっと多くの組織や人にかわいがられていたはずだ。しかし、私の場合、大きい組織に対する不信感の根底に、太平洋戦争中、国家という巨大な組織が犯したミスに対するこだわりがある。そこで対組織に関しては、かわいげよりも自立の道を選んだのである。

23

相手の心をくすぐる相談ができる人

仕事のことであれ個人的なことであれ、わからないことがあったり悩むことがあったりしたときは、どうするか。独りで調べたり考えたりしても五里霧中に近かったり自信がなかったりする場合は、誰かに相談する。相談する相手は、もちろん内容にもよるが、ある程度親しくしていて信頼のおける人だ。

見ず知らずの人では話も聞いてくれないし、たとえ耳を傾けてくれる気になったとしても、こちらの背景を説明するのに時間がかかる。よく知っている人であれば、問題の要点を説明するだけで十分だ。また、信頼できる人でなかったら、自分のことを考えてくれたうえで的確な助言をしてくれるかどうか、常に不安感がつきまとう。

もちろん、まったく知らない人の意見や助言であっても、少なくとも一つのヒントないしはアイデアとして役に立つことはある。第三者の視点には客観性があるので、それだけ問題に対する視界が広くなるからだ。「井の中の蛙《かわず》」的な考え方になるのを防ぐためには、かなりの効果がある。占い師の効用も、このような点にある。

そうはいっても、普通、相談するのは身近な人が多いはずだ。逆にいえば、相談をされるということは、相手に信頼されているという証拠である。仕事のことで相談を受けたら、自分は相手から仕事について熟知し、能力があると認められていると考えてよい。人生のことで相談を受けたら、人生の経験が深く、人生航路の舵取りを上手にしてきた人だと考えられているということになる。したがって、**相談をされたら悪い気はしない。**あまり頻繁になると面倒くさいと思うことがあるかもしれないが、大体において、相談に乗ることを拒否する人はいない。

自分が信頼されているとわかれば、相手に対してはさらに親近感を覚える結果になる。相談を持ちかけてきた相手が目下であれば、その信頼に応えるべく、一層目をかけようとする気にもなる。「親分気取り」ともいうべき、積極的に面倒を見てやろうとする気持ちになるかもしれない。

ただ、相談するときに注意しなくてはならないのは、周囲の人に対して、むやみやたらにアプローチをしないことである。大勢の人に相談をしたのでは、単に多くの意見を集めたにすぎず、多くの人からアンケートをとっているのと同じである。それでは、親身になって相談に乗ってくれる人はいなくなる。通り一遍の意見を述べるに留まってしまう。相談相手に対しては、自分の個人的な情報を提供し、打ち明け話をしたうえで助言を乞うという姿勢でないと、人間的な反応は返ってこない。

24

「責任者の名前」を立てる人

職場などで皆が一緒に飲食をしようとするときは、庶務的な役目の人や上司から依頼された人が幹事となって、レストランなどの手配をすることが多い。重要度の高い食事の会であれば、店に出向いていって下見をしたり、細かい打ち合わせをしたりする。知っている店であれば、電話一本で予約をするだけで十分な場合もある。

アメリカ企業の日本支店で、支店長以下十名足らずの小規模なところがあった。総務的な仕事は英語に堪能な日本人の女性が一手に引き受けていた。ここでは機会あるごとに社員同士のコミュニケーションを図るためと称して、事務所の近くのレストランや料理店で会食をしていた。人数が少ないので家族同伴が原則だ。

当日はレストランに三々五々集まるのであるが、入口で常にちょっとした混乱が起こる。店から予約リストにないといわれてしまうのだ。

レストランでは入口で、予約してあるかと聞かれる。当然のことながら、皆は会社の名前をいう。ところが、会社名での予約は見つからない。そこで支店長の名前をいうのだが、やはり予約者のリストにはない。そこで人数などの話をすると、予約が件《くだん》の日本人女性の名前で入っていることがわかる。特に初めて参加する社員の家族が単独でくるときは、自分の席に案内してもらうまで一苦労である。

会社の会食であれば、会社の名前で予約するのが常識だ。同時に個人名を要求されたときは、支店長の名前をいうべきである。幹事役は、単なる連絡係として自分の名前をいうだけだ。

仲間同士で一緒に飲食をする場合、特別なグループ名がないときは、幹事役が自分の名前で予約する以外に方法がない。しかし、**組織の名の下に集まるときは、組織の名前と上司など責任者の名前で予約するべきだ。**勘定の支払いの「決裁」をする人が責任者である。

総務係の女性の予約の仕方は、完全な「売名行為」である。自分が取りしきっているかのように振る舞って、自分の顔を売っている。実際に店の勘定を払うのも彼女であるから、店の人の目から見た「お得意」は会社ではなく、彼女になってしまう。

本来、店の人としては、当然のことながら「会社」の人全員と責任者である「支店長」に対して特別に感謝の念を表明すべきである。それがすべて彼女のほうにいっていた。そのような彼女の言動は文具の調達も含め、すべての総務的な面にわたっていたので、全員から疎まれ嫌がられるようになり、職を辞さざるをえなくなった。

25

「別れぎわ」を大切にする人

車であれ電車であれ、船であっても、人を見送るときは、相手が見えなくなるまで、というのが原則である。中途半端なのがいちばんよくない。車が動き出した途端にきびすを返すのは、義理で仕方なく見送ったのだという印象を持たれても仕方がない。

機関車に引っ張られていた昔の列車の場合は、動き出してからスピードが出るまで時間がかかった。そこで、列車の動きに合わせてプラットフォームを歩き、最後には走りながら、さよならをいったものだ。列車の窓やドアの開け閉めも自由にできたので、見送られる人のほうも身を乗り出したりして別れを惜しんだ。映画でも、そのような場面では別れる者同士の哀切な気持ちが伝わってくるものだ。

見送るという行為は、現象的には人が去っていくまで付き添うことであるが、感情的には別れたくないという気持ちの表現である。その感情をこめることなくして見送りの場に臨んだのでは、慇懃無礼にしかならない。恋人同士ほどではなくても、見送る以上は「もっと一緒にいたい」という気持ちが伝わらなくてはならない。

送られる側も同じ気持ちでなくては、「片思い」に終わってしまう。それがちぐはぐであれば、周囲で見る第三者にとっては、とんだ茶番の一幕でしかない。すなわち、送られるほうも見えなくなるまで何度も見送ってくれる人を振り返りながら遠ざかっていく感じがよい。

終わりよければすべてよしで、見送りの場面に「余情残心」が感じられれば、そのときの会合は大成功ということになる。**最後まで見送ってもらえると、それが印象的な「残像」となって、次に再び会うときまでずっと残る。**相手のことを「いとおしい」ないしは「かわいい」と思う気持ちが持続する。

私の仕事の一部は先生業である。そこでは勉強だけでなく、一緒に食事をしたりすることが頻繁にある。生徒は全員が女性であり、一様にやさしい人たちであるが、見送りの上手な人と下手な人とがいる。心情的にウェットであるとかドライであるとかとは必ずしも関係ない。

たとえ街角の雑踏の中で別れるときでも、見送ろうとする風情のある人には、ちょっと心が引かれるところがある。そういう人に対しては、ひいきをするとまではいかないが、常に好意的に見ようとする結果になるのが人情だ。

26

根ほり葉ほり聞かない人

　女学校の同窓会が久し振りに開かれた。卒業してから二十年にもなるのだが、会場に集まった顔を見れば、ほとんどの人が誰かという見分けもつく。もちろん、道ですれ違ったのではわからないかもしれないが、同窓会場にいるので記憶をたぐり焦点を定めていけば、大体の見当がつくのだ。

　まずは、どこに住んでいて何をしているのかなどを聞くところから始まって、情報交換をしていく。当たり障りのないように注意しながら、家族のことも話題にしていく。子供のある人同士では、子育ての苦労などについて話が弾む。結婚していない人には、恐る恐る理由を推測したり聞いたりしている。

　長い間会っていなくても、青春時代を一緒に過ごした仲間であるから、打ち解けた関係に戻るのも早い。懐かしさという大きなオブラートに包まれた雰囲気の中で、まずは「探り合い」的に情報交換をし、特定の話題について、相手が口をつぐんだりちゅうちょしたりする気配が見られたときは、話をそらしていく。元同級生とはいえ、相手がいいたくない個人的なことには立ち入らないという社交上のルールに従っているのだ。

ところが、一人だけ友人たちの近況について興味津々で、誰彼の見境なく質問を発している人がいた。本人は旧友たちに会ってうれしく、天真爛漫《らんまん》に振る舞っているつもりかもしれないが、聞かれる側としては、有無をいわせず土足で家の中に踏み込まれるような感じを受ける。

夫の職業や子供の通っている学校、住居の広さや正確な場所などまで、根ほり葉ほり聞いていく。地方から参加している人に対しては、今晩はどこに泊まるのかと聞き、それに対してホテルに泊まると答えれば、どこのホテルかと質問する。黙っていると、高級ホテルの名前を次々と挙げて、どれかと聞く。「そんな立派なところではなく、普通のビジネスホテルよ」といえば、さらに畳みかけて「どこにある何というホテルか」と聞くといった調子である。

まるで容疑者に対する刑事の訊問のようだ。皆が彼女との会話を避けようとし始めたのはいうまでもない。それだけではない。この次に皆で会うときは、彼女には連絡しないようにしようという話まで出た。完全に仲間外れである。**誰にでも、秘密とまではいかなくても、いいたくないことがある。**洗いざらい聞き出そうとすれば、嫌われることは必定だ。

27

相手の「自慢のタネ」を話題にする人

どんな人にとっても、家族はかけがえのない大切なものである。仕事と家庭とどちらが大切かという愚問を発する人は絶えないが、家庭のほうが大切なことはわかりきっている。その場の情況によって、仕事の都合を優先させたり家庭の事情を重視したりして、バランスをとっているだけだ。家庭を犠牲にすることがあるように見えても、それは一時的なことであって、家庭を大切にしていればこそである。

仕事の場であれ遊びの場であれ、誰でも家庭を背負って生きているのだ。だから、多くの人は家族の安否を聞いてくれる人がいると、この人は他人の家族のことについてまで関心を持ってくれる、心やさしい人だと考える。他人に対しては「愚妻」だとか「愚息」だとか卑下していっていても、心の支えになっている大切な家族である。

家事をきちんとこなし、疲れた身心に安らぎを与えてくれる妻であったり、学校の成績はそれほどではなくても素直に育ち、筋道の通った考え方のできる子供であったりする。実は心密かに自慢の種になっている。その家族について、「奥さんもお元気ですか」とか「お子さんは相変わらずサッカーに熱中ですか」などと聞かれると、気分がほぐれるものだ。

さらに、子供の名前も覚えていてくれて「何々さんは」などといわれると、その相手に対しては強い親近感を覚え、打ち解けた話ができるようになる。外国の諺に、「からすにとって自分の子は白く、はりねずみにとって自分の子は柔らかい」というのがある。親にとっては親の欲目で、子供はすべて自慢の種だ。その子供を話題にしてくれて、「さわやかな笑顔が印象的なご子息ですよね」などといわれれば、悪い気はしない。

相手の気持ちが自分の気持ちの中に、すっと入ってくるかの感がある。何となく警戒心を抱いていた相手であっても、何らの抵抗もなく自分の心を開いていく。**そこでちょっとでもよいから家族のことを話題にすれば、瞬時にしてコミュニケーションの回線がつながるのである。**

目の前にいる相手だけでなく、相手の背後にある家族へも関心の輪を広げていくことは、相手を「生活している人間」と考えることである。単に仕事の道具の一つとして扱ったり、遊び相手の一人として考えたりするのではなく、人間対人間のつきあいをしようとする姿勢だ。そのような姿勢に対しては、相手も積極的に反応してきて、つきあいの度合いが深くなっていく。

28

目上をほめるのがうまい人

外交辞令的なお世辞は、いわれてもそれほどには気にならない。単なる「あいさつ」ぐらいに考えて聞き流すことができる。こちらとしても、「いやいや」などと否定しておけばよい。もちろん、相手の外交辞令に乗っかって、自分の自慢話にまで発展させていったのでは、相手のひんしゅくを買うのは間違いない。

心ある人は、ご機嫌とりのへつらいやおべっかをいわれると嫌な気分になる。たとえ事実であっても、不必要にほめられれば抵抗を感じる。不純な意図が見え見えなので、その場から逃げ出したいという気持ちにさえさせられる。直接にほめそやすから、あくどい感じを与えるのである。**そんなときには「比較法」を利用するとよい。**対比すべき人を持ち出して、その人の悪かったり劣ったりする点を話題にし、それと比較して、相手のほうがよかったり優れていたりすることを示す。例えば、妻が「私は悪い妻です」といえば、「夫はよい人である」といっていることになる。

部下が上司に向かって、それほど大したことをしたのでもないのに「あそこまで考えて処理できるとは、頭がいいですね」といったのでは、へつらいの要素が多い。しかし、「私たちの平凡な頭では、あそこまでは考えが及びません」といえば、自分のグレードを下げて上司のグレードを上げる結果になる。**婉曲なほめ言葉であるだけに、相手もその言葉を率直に受け入れることができる。**そして、ほめてくれた人に対して好印象を抱くのである。

また、身内の自慢話をするときも、そのままストレートにほめる「直説法」では嫌味だ。「うちの息子は頭がいい」といったのでは、眉をひそめられるだけだ。しかし、「議論をすれば、常に私がいい負かされてしまう」と「比較法」でいえば、多少なりとも自慢の度合いが和らげられる。

取引先の人に対して上司をほめるときも同じだ。「課長は仕事でも何でもてきぱき処理する能力に優れている人です」といったのでは、相手もとまどうし、ほめられた本人も決まりが悪い。しかし、「私が失敗をしても、課長のカバーとバックアップがあるので、安心して思い切った仕事ができます」などといえば、取引相手には「できる人」であるというメッセージが伝わるし、課長も悪い気はしない。

このように、自分を適当に卑下することによって人をほめる方法は、嫌味がないうえに、気配りがきくという印象を与えられるので、人は知らず知らず好感を抱くようになる。

29

どんなときもひがまない人

会社の中で何かの集まりがあったのに、自分には声がかからないことがあったとする。自分と同じ立場にある人も参加しているし、一見したところ関係のない人までも出席している。自分にも参加する資格が十分あるはずにもかかわらず呼ばれなかったのは、納得できない。考えれば考えるだけ腹が立ってくる。

そこで、その集まりの責任者と思われる上司に「なぜ私には声をかけてくれなかったのですか」などと不満をぶつける。これは詰問である。相手を責めて返事を迫るという攻撃的態度だ。攻撃されたら、人は逃げるか防御態勢を整えるかの、どちらかだ。うるさい奴だと思って逃げの姿勢になれば、曖昧《あいまい》なことをいって、直接向き合うことを避けようとする。その後もできるだけ距離を置こうとするので、疎まれる存在になる。うるさいからといって、ときどきは声をかけてくれることもあるかもしれないが、逆に、あいつはうるさいからと、仲間外れにされるかもしれない。

また、詰問された相手が防御態勢になると、さまざまな理由を並べ立てて言い訳することになる。中にはこじつけの理由もあるかもしれないが、相手は保身に努め、さらに、「攻撃は最善の防御」と考え、あることないことをいって攻撃に転じてくるかもしれない。

詰問するかたちをとったばかりに、上司を敵に回す結果になってしまうのである。こうした事態を避けるためにはどうしたらよいか。まず、なぜ声をかけてくれなかったのかと腹を立てる前提として、「参加したかった」という思いがあったはずだ。そこで、その気持ちを率直に相手にぶつけてみればよいのである。

「あの集まりには私も参加したかったんです。この次は、ぜひ私にも声をかけてください」と素直にいうのである。 声をかけなかった理由があったとしても、上司としては、悪いことをしたな、という気になる。「窮鳥《きゅうちょう》懐《ふところ》に入れば猟師も殺さず」である。

どんな場合でも、勝手にひがんで相手を詰問したり攻撃したりすれば、いい結果は生まれない。しかし、こうしてもらいたいという気持ちを率直にぶつけられれば、誰でも何とかしてあげたいと思うものだ。「お願いします」と頼られるということは、自分にある程度の力があると認められているということであるから、それに応えなくてはならないと思う。そして、応援してやろうとする。すなわち、味方としての行動をとることになるのだ。敵対的な言動をする人よりも、助けを求めてくる人のほうが「人情」に訴えてくるわけであるから、かわいいに決まっている。

30 ぐちをいわない人

ぐちをこぼしても、情況は何ら好転することはない。そうはいっても、つい、どうにもならないことを嘆いてしまうのが人間の常だ。また、嘆くことによって多少なりとも気が紛れるという効果もある。しかし、本人はそれでよくても、ぐちを聞かされるほうは迷惑だ。嫌な話を聞くことによって、相手の欲求不満の一部を抱え込む結果になるからだ。

会うたびに、いつも必ずぐちをいう人がいる。世間の一般的な会話を交わしていたのに、いつのまにか、ぐちをこぼしている。本人は気づいていないが、癖になっている。眉間《みけん》にしわを寄せながら、嫌なことや悩んでいることを話して、人の同情を求めようとする。いつものことなので適当に聞いていても、顔をのぞき込むようにして話しかけられると、相づちを打ったり何らかの反応を示したりしなくてはならない。

こういう人はうっとうしく感じるので、皆、顔を合わせるのをできるだけ避けるようになる。少なくとも、自分から話しかけようとはしなくなる。

そこで、ぐちをこぼすのが癖になっていないかと、ときどき反省してみることが大切だ。もしそのような傾向が見られたら、発想の転換をしてみなければならない。

嫌なことを自分独りの胸にしまいこんでおいたのでは、ストレスがたまって気の晴れることがない。人に聞いてもらうのが手っ取り早いストレス発散法であるが、そのとき、泣きごとというかたちでいうと陰気になり、人から嫌われる。**そこで、自分の「失敗談」ないしは「打ち明け話」として、面白おかしく話してみればよい。**

成功した話を本人が話すのは、何となく自慢たらしくて抵抗を感じる。しかし、他人が失敗した話は面白いものだ。しかも当の本人が陽気に笑いを誘おうとして話すのであれば、聞くほうも心おきなく笑うことができる。さらに、失敗談は何かしら教訓を学びとることができるので、皆も耳を傾ける。

また、悩みについても、ぐちとしてではなく打ち明け話というかたちをとって話せば、相手も気楽に聞くことができる。「こんなことで困っているのですが、おかしいでしょう」などといって、笑いとばしてみてもよい。とにかく深刻な話にしないで、明るく「戯画」的なプレゼンテーションをするのだ。

そうすれば、聞くほうも身構える必要がなくなるので、話の中に入っていくことができる。いつも面白い話をしてくれる、包み隠しのない人という評判になり、人が寄ってくる存在となる。

31

もらったものを使ってみせる人

同じ職場の人や、よく顔を合わせる機会のある人から、海外旅行のみやげとしてネクタイやスカーフなど、身につけるものをもらったときは、感謝の意を丁重に表明しただけでは十分でない。**最も早い機会に、すなわち同じ職場の人の場合はもらった翌日に、身につけてみせる心遣いが望ましい。**わざわざ買ってきてくれた人に対して、心から喜んで使っていると、アピールするためだ。

贈った人の立場からすれば、あれこれと物色をして買ったとはいえ、本当に気に入ってもらえるかどうかについては多少自信がない。しかし、すぐに身につけてくれ、しかもそれが似合っているのを確認すれば、ほっとした気持ちになる。あのように喜んでくれるのであれば、この次の旅行のときにもまた買ってきて喜ばせてあげたいという気にもなる。

それに反して、毎日顔を合わせているのに、くる日もくる日も見慣れたネクタイしかしてこない場合は、やはり気に入らなかったのだろうかと思う。それなりに考えて選んだ労苦が報われなかったような気持ちになる。相手が悪いのではないことはわかっているのだが、せっかくの好意を裏切られたような気になって、がっかりするのである。

旅行に行ってみやげを買ってくるというのは、かなり関心度の高い人に対してだけだ。仕事であれ遊びであれ、旅行中は何かと忙しい。わざわざ時間を割いて、店に立ち寄り選ぶのであるから、たとえ単に儀礼的な場合であっても、何らかの気持ちがこめられている点には疑いない。

したがって、もらった人は、たとえ気に入らなくても、多少は無理をしても、使っているところを見せるのが人の道に適《かな》っている。自分は使わないからといって、ほかの人にあげたりするのは言語道断だ。人の好意を踏みにじるにも等しい行為であるから、恨まれる結果になっても仕方がない。

ネクタイや財布などの小物をみやげにもらったとき、相手が非常に親しい人の場合は、「その気持ちだけ有難くいただきます」といって、返す人がいる。自分は使わないし、みやげに選んだくらいだから、買ってきた人自身も好きなもので、返せば自分で使うだろうと考えるのかもしれないが、大間違いだ。一見合理的な考え方ではあるが、みやげに託されている人の気持ちを無視している。かわいくない人であるというレッテルを張られるのは間違いない。

32
折り入って願いごとができる人

親しい者同士であれば、事のついでに何かを頼むということもある。レセプションやパーティーでたまたま会ったときに、相手がよく知っている企業を紹介してほしいというようなことだ。特定の情報を知っている人がいたら紹介してくれなどと、茫洋《ぼうよう》とした依頼をする場合もある。しかし、それはごく親しい間柄で、常に情報交換をしたりお互いに助け合ったりしている場合だ。

親しいとはいっても、恒常的につきあいのない相手から、何かの拍子に会ったとき、唐突に、「あなたは顔が広いので、何かよい仕事があったら紹介してください」などといわれると、ちょっとした抵抗感を感じる。相手が本気でいっているのはわかるのだが、依頼の仕方が軽いので、それに対する受け答えも曖昧なものになる。

こういう場合はたとえ肯定的な返事をしたとしても、単に儀礼的にしただけであって、本気で努力してみようとする気持ちはない。自分を見込んで「折り入って」頼んできたという情況ではないので、一肌脱ごうという気にはなれないのである。

こういう人は、誰彼となく会う人皆に対して、同じようなせりふをいっているのであろう。駄目でもともとだと考えている節が見てとれる。ある程度は頼りにしているのであるが、「頭を下げてまで」という意気込みが感じられない点に気持ちが引っかかるのだ。いうなれば、自分が軽く見られているという気配を無意識のうちに察知してしまう。こういう人は、同じようないい方でいろいろなことを頼んでくるので疎ましくなってきて、避けられる結果になる。

「親しき中に礼儀あり」だ。人に何かを依頼しようとするときは、一応の礼を尽くしてからでなくてはならない。きちんとけじめをつけたいい方をするのだ。**たまたま会った機会を利用する場合でも、「お願いがあるのですが」などといってからにすれば、情況は大きく変わる。**そのような一言には、「場を改める」効果がある。瞬間的ではあるが、ひれ伏してお願いする場を創出するかたちになるのだ。

そうなると、頼まれた側としても、真剣に聞く姿勢になる。見込まれたのであるから、期待に応えるべく、自分にできることはしてやろうという気持ちになる。「義を見てせざるは勇無きなり」ではないが、頼まれたら本気で力を借そうとするのが人情だ。その背景には、礼節を尽くして頼ってくる者をかわいいと思う心情がある。

33

大切な人の習慣を覚えている人

私が属しているある会員組織では、時の人や時の話題に詳しい人を招いて話を聞く昼食会が頻繁に催される。昼食会には二時間ほどかかるのだが、そもそもこの組織の大きな魅力の一つはこの昼食会にあったので、会員になった当初は、スケジュールを繰り合わせて、よく出席していた。

食事の内容はスープに始まって、魚か肉の料理、デザートで、最後にコーヒーか紅茶がつくボリュームある内容である。ワインやビールを飲む人もあるが、私はちょうど昼食のアルコールをやめたころだったので、食事中はもっぱら水であった。

話をする人や話の内容によって、参加する会員の数はまちまちだ。少ないときは二十~三十人のときもあるが、多いときは部屋の収容能力の限度いっぱいの三百人を超えることもある。参加者が多いときは、料理を運んだり下げたりするのが忙しくなり、ウエイター総動員でも人手が足りず、マネジャー格の人まで手伝う。食後のコーヒーが出されるころも、皆、大忙しである。

ところで、私はコーヒーを飲まなくなって久しい。一九六〇年代のニューヨークにいたころ、コーヒーには洗練されたところがなく、紅茶のほうが格好よいとされる風潮のときがあった。そのときに、何のためらいもなく紅茶一辺倒になったのである。

しかし、紅茶党は少数派である。大勢が集まる昼食会のときなどは、コーヒーを注ぎにきたウエイターに、自分は紅茶だという旨を素早くいわなくてはならない。そういっても会場が混乱してくると、ウエイターに忘れられそうになり、催促をしなくてはならない場合もある。紅茶一杯もらうにも、かなり神経を使う結果になるのだ。

そんなとき、新たに昼食会の進行担当になった人が、私の習慣をすぐに覚えてくれた。デザートが終わると即座に私のところに紅茶が運ばれてくるように手配し、参加者が大勢のときは、彼自身が持ってきてくれることも多かった。同席した会員の人がそれを見て「ロイヤルサービスですね」と羨《うらや》ましそうにいっていたほどである。

確かに特別のサービスではあるが、紅茶の場合はいずれにしても一つひとつ出さなくてはならないので、別に「ひいき」をしてくれているわけではない。しかし、**そのちょっとした心配りが、私にとってはこのうえなくうれしいものである。**当然のことながら、その人と仲よくなり、いろいろな話をするようになった。私も時には著書を差し上げたりして好誼《こうぎ》が続くように努めている。

34

進んで「使い走り」をする人

私がコンサルティング契約をしていた顧客先に、代々特定の業界向けに機械を製造している小さな会社があった。事務所は表通りから少し外れたところにある自社所有ビルの一階と二階である。行くときは会社の前までタクシーに乗っていくが、帰るときは表通りまで出てからタクシーを拾わなくてはならない。

そのころの私は、現在のようにできるだけ歩くという主義ではなかった。大通りまでは百メートル強ぐらいであるが、ちょっとした上り坂になっているので、面倒だと思う人にとっては嫌な距離だ。しかし、大通りに出ればタクシーの空車がひっきりなしに走っているので、電話をしてタクシーを呼んでもらうほどではない。

すると一人の若い男性社員が、そのような気配を察してかどうかわからないが、私が帰ろうとすると、「タクシーを拾ってきます」といって、飛び出していってくれるようになった。そうするようにと社長が命じたわけではない。また、私は社長のところにきているのであって、彼とは直接関わりがないのだが、彼は自分から進んでサービスの提供をしてくれていたのである。

彼は、私にだけではなく、ほかの客たちに対しても心配りをしていた。たばこを切らした人がいたら、すぐに近所の店に走っていって買ってくるといった調子である。会社が家内工業的な雰囲気を持っていたこともあって、彼は名字の上の字をとって「倉坊」と呼ばれ、皆にかわいがられていた。

社長に聞いたのであるが、そのような走り使いをしていても、自分に与えられた本来の業務に支障をきたすようなことはなかったそうだ。社内でも同じように進んで走り使いをしていたので、皆に重宝がられていたようである。

「若いときの苦労は買ってでもせよ」といわれている。自分から進んで骨身を惜しまない姿勢に徹すれば、将来、必ず役に立つ、というのだ。しかし、**将来、役立つだけではなく、骨身を惜しまず働けば人からかわいがられるので、その場で得をする結果にもなる。**

走り使いをするには、身体の機敏さと頭の俊敏さが必要である。とっさの判断力も駆使しなくてはならない。自主トレーニングと思ってすればよい。

件の倉坊は、現在は独立して商売をしているが、会社勤めをしていたころから知っている人皆に目をかけられ引き立てられて、仕事は順調である。

35

方言でしゃべる人

国会で質問をしている議員が関西弁でまくし立てていた。矢継ぎ早に相手の弱味を突きながら、声を大にしたり抑揚をつけたりしている。テレビで中継放送もしているので、ときどきテレビカメラのほうに顔を向けたりもしている。皮肉な見方をすれば、質問をして真実を引き出すよりも、自分が質問する様子を効果的に演出しようとしているようにも見える。

ちょっと行き過ぎで品のないきらいはあるものの、その人の個性がよく出ていた。関西弁でしゃべることによって、よくも悪くも人柄が全面的にさらけ出されている。旗幟《きし》鮮明なので、前向きの姿勢であることは、見る人皆に伝わる。

しばらくして、その同じ議員が国会で、今度は質問される側になった。質問に対して申し開きをするのであるが、非常に歯切れが悪い。関西弁は鳴りをひそめて標準語でしゃべっている。関西弁のなまりは残っているものの、できるだけ感情を抑えた標準語だ。自分を守るために心を閉ざした構えである。

私も広島で生まれ島根で育ったので、標準語をしゃべっているつもりでも、方言のなまりはあちこちに出てくる。地方から東京にきた者にとって、方言やなまりは、少なくとも当初はコンプレックスである。何とか標準語を話すようにと努力する。だからこそ、田舎に帰ったときは、方言に囲まれ自分も方言でしゃべることによって、ほっとした思いをする。

標準語は自分の「母国語」ではないので、無意識のうちではあっても、構えて話しているからだ。それに反して、自分の母国語である方言で話すときは、心を解放して自然に安心して話すことができる。それゆえ自分の感情をフルに表現することもできる。

同郷の者同士で話すときは、方言で話せるというだけでなく、お互いの「氏素性《うじすじょう》」が知れていて、隠し立てがないので気楽である。自分をさらけ出せるのだ。

また、**同郷ではなくとも、方言で話している人には親しみを感じる。**まったく知らない方言で話されたら理解に苦労するが、ちょっとした方言のなまりがある話し方には、気取らない、素直な感じを受ける。また、自分の個性に対して自信を持ち、前向きに生きている姿勢に好感を抱く。方言やなまりはコンプレックスの種ではなく、人からの好感度を勝ちとる強力な武器にもなる。

36

自分と相手の優劣を知っている人

自分より優れている人に対しては、自分もそのようになりたいというあこがれの気持ちを抱くと同時に、妬《ねた》ましく思うこともある。積極的な姿勢の人にとって自分より優れている人は、あこがれの対象となり、自分の努力目標にもなる。

しかし、消極的な考えをする人にとって自分より優れた人は、自分の劣等感を刺激する要因となるだけだ。しかも、自分では劣等感を認めたくないので、その人を妬みの標的にして自分の感情をごまかす。こういう人には、自分より優れている人は避けようとする傾向が見られる。

人は、自分と優劣つけ難いと思っている人に対して競争心を抱くものだ。積極的な心構えの人は、相手をよきライバルであると思って競い合う。相手を蹴落としてやろうと思っている人も、自分勝手な心の狭い人ではあるが、それなりに前向きに努力している限りでは進歩が期待できる。ところが、ただ単に敵愾心を燃やして、個人的に批判をしたり攻撃をしたりしている人は、そこで成長が止まってしまう。相手からは疎まれるし、世間も狭くなる。

人は、自分より劣っていると思う人に対しては、誰でも寛容である。意識していようと無意識であろうと関係なく、優越感を感じるので、心に余裕がある。**したがって、面倒見もよくなるはずだ。**それに対して相手が感謝してくれれば、さらに相手をかわいく思い、いろいろと世話を焼くことになる。

誰でも子供のころ、親戚の子であれ近所の子であれ、自分より小さい子を「子分」のようにしていたことがあるだろう。命令して自分の意のままに従わせて遊ぶ。同時に、ほかの子供とは区別して、ひいきしてかわいがっていた。

ときどき自分の周囲の人間関係を冷静な目で見て再点検をしてみるとよい。仕事や家庭の場、それに遊びの場と、あらゆる局面における自分のつきあいについて、相手と自分との優劣を比較して考えてみる。そうすると、なぜ自分がかわいがられているのか、なぜ自分が疎まれているのかがよくわかるはずだ。また、なぜ自分がある人をかわいがっていて、ある人を疎ましく思っているかの理由がわかってくる。

自分と相手の関係を優越感や劣等感の視点からチェックしてみると、そこにつきあいの奥義が見えてくる。

37

「下手の横好き」を楽しめる人

あるけいこ事のグループがある。先生の家が教場になっていて、週三回ぐらいけいこがあり、自分の都合のよい日を選んで通うシステムだ。生徒数は三十人強で二十代から六十代まで。ほとんどが女性である。まとまりがよく、ときどき先生も加えた皆で一緒に食事をしたりしている。

社交的な、気持ちのよい人たちばかりなので、皆仲よしだが、中でも特に人気のある中年女性が一人いる。彼女の夫は堅実な家業を営んでいて、子供もすでに大きくなっており、家庭は落ち着いている。明るい性格で、若い女性と一緒になって騒ぎ立てるような、無邪気そのものの人だ。

お嬢さんがそのまま主婦になり母親になったようなタイプで、ちょっと我慢強さが足りない。それほどでもない距離を皆で歩いていると、すぐに「足が痛くなっちゃった」などと不平を漏らしたりする。そのようにわがままなところがあっても皆に好かれているのは、彼女がけいこ事に関して「下手の横好き」を表明しているからである。

三十代半ばを過ぎてから始めたけいこ事であるが、以後ずっと熱中していて、けいこを休むことは滅多にない。そのように研鑽《けんさん》を積んでいるにもかかわらず、腕は一向に上がらないのである。しかし、それを恥ずかしいとは思っていない。「まったく上達しないで先生に迷惑をかけ、皆さんの足手まといになっていて」といいながら、そういうこと自体も楽しんでいる風情がある。

きちんとできる人が謙遜しすぎたのでは、逆に嫌味に感じられる。自分ができることを目立たせようとしているようにも解釈されるので、ひんしゅくを買う結果にもなる。しかしながら、誰が見ても下手な人が、できないことを吹聴することによって自らを「笑い者」にしようとしている。それも自嘲的ではなく、ごく素直にいっているので、皆も抵抗がない。

自分が下手なことについてはまったくコンプレックスを持たずに、そのけいこ事が好きで好きでたまらないということが伝わるので、皆も心おきなく笑うことができる。周囲の人としては、自分はあれほど下手ではない、下には下があると思って、一種の安心感を感じている。

自分自身をよく観察してみれば、どこかに必ず下手の横好きでしていることが見つかる。人とつきあうときに、その点を強調して話題にしてみる。人はその素直さと人間的なところに引かれて寄ってくるはずだ。

38

骨惜しみしないで動ける人

上司や目上の人と一緒に行動するときに、かしずく姿勢に徹してみる。相手の自主性を妨げない範囲内で、サービスの提供を心がけるのである。かばんを持ってあげ、ドアを開けてあげ、タクシーを拾ってあげる。また、電車の切符を買ってあげたり、弁当を買ってあげたり、予定を教えてあげたりなど、ありとあらゆることを「してあげる」のだ。

人によっては、自分のことは自分でできるといって、嫌がる場合もある。しかし、全神経を集中して上司の言動を観察していれば、こうしたら喜ぶとか、こうしたら嫌がるとかいうことは、すぐにわかる。差し出がましいかもしれないと思ったときは、一言「買ってきましょう」などと声をかけてからにすればよい。強い拒否の意思表示があったときには、するのを差し控える。

誰でも「かしずかれて」悪い気はしない。自分の意思に反してかしずかれる度合いがすぎるときは、おべっかを使われているようで嫌な気分になる。しかし、適切かつ適度に大切にしてもらうのは、誰でも大歓迎である。

もちろん、自分の仕事を中断したり放り出したりしてまで上司にかしずく必要はないし、そんなことをすれば明らかにへつらいである。そうではなく、一緒に行動しているようなときに世話を焼くのである。

いってみれば、デートのときと同じような気持ちで対処してみればよい。デートのときは、相手の行動ができるだけ楽になるようにと気を使うはずだ。気はどんなに使っても減るものではない。特に若いときであれば、あらゆる角度から考えて気を使うことによって、人とつきあうときのコツを覚えていくことができる。試行錯誤を重ねていくうちに、どのようなときは手を出し、どのようなときは控えていたほうがよいかもわかってくる。

人間関係の修行だと思って人にかしずく姿勢に徹すれば、気の使い方に磨きがかかってくるうえに、人にも気に入られることは間違いない。一挙両得だ。身分の高い人のそばにいてさまざまな用をする「お付き」になったつもりで動いてみるのである。

相手が自分よりちょっと目上だと思うと、かしずく姿勢をとるのが難しくなる。雲上人とはいわないまでも、ずっと上の人であると思って接してみると、意外にスムーズに世話をすることができるものだ。雲上人であれ一年だけの先輩であれ、目上であることには変わりない。礼節を尽くし、奉仕してみておかしい相手ではない。

39

「ついでに」最新情報をくれる人

中元や歳暮は普段から世話になっている人に対して、お礼の心をこめて贈るものである。虚礼として反対する人もいるが、虚礼だと考えている人は、自分から贈らなければよいし、贈ってもらっても受け取りを拒否すればよい。それだけのことだ。

中元や歳暮を贈る人は、そのシステムを利用して、お礼の気持ちを表現しているのである。また、もらった側は、自分が日ごろしていることが感謝されている証拠だと思って、努力を続けていこうと考える。このように、中元や歳暮は両者の気持ちが通じ合うコミュニケーションの手段なのである。

中元や歳暮は本来、相手のところへ持参して、感謝の意を表明すべきものだ。しかし、最近は皆、何かと忙しく走り回っているご時勢である。都合を合わせるだけでも、ちょっとした作業になる。そのうえ、訪ねる人は多大の時間を割き、訪ねられる側も、わざわざ待っていなくてはならない。

そこで、今では品物をデパートなどから直接に配送してもらうのが一般的になっている。しかしその場合は、配送を手配すると同時に、あいさつ状を出しておくのが礼に適っている。あくまでも儀礼を重視するのである。

とはいえ、中元や歳暮が儀礼的なものだからといって、あいさつ状も儀礼的な文章に終わっては芸がない。**品物を選んだ理由などを書き添えるのである。**いずれにしても、贈る側は相手の好きなものや喜ぶであろうものを選ぶ。例えば酒が好きな人に対しては、自分の田舎の名酒を贈り、それが喜ばれれば、常に同じものを送るというのも一つの方法である。

しかし、新しいアイデアに基づいた品物で、相手も珍しがる可能性のあるものがあれば、特別に気を使ったという気持ちも伝わる。私のところに、いつもそのような品物を送ってくれる若い女性がいる。あいさつ状には、選んだ理由と、そうしたものが最近、若い女性の間で人気がある、などという情報もつけ加えて書いてくれる。

私のように世の中の動きを広く知っておく必要がある仕事をしている者は、そのような一、二行の情報が非常に役立つ。なぜなら情報収集の努力はしていても、若い女性の先端的な好みについては疎くなりがちだからだ。しかも、実際にその品物が送られてくるのであるから、参考になることこのうえない。これは、実に気の利いた最新情報の伝え方でもある。贈ってくれた人への印象がさらによくなるのは当然だ。

40

「不得意なこと」を隠さない人

私の東京における短いサラリーマン時代、他の部に属していたが、特別にかわいがっていた人がいる。彼は営業だった。私は外国為替の部門にいたので、各営業部から輸出入関係の書類が回ってくる。そこで彼と接触する機会があったのである。

彼は見るからに身体の頑丈なスポーツマンタイプで、はきはきした態度に徹していた。ちょっとした強面《こわもて》なので、夜の酒を飲む場所などでは用心棒風に振る舞うと、皆がそう思うかもしれないくらいだ。本人もその点を自覚していて、進んでふざけて面白がっているところも、飲み歩くのが好きであったそのころの私は気に入っていた。そこで、夜の巷で遊ぶときには、よく誘って連れ回していたのである。

仲よくなった発端は、彼が持ってくる書類にあまりにも間違いが多すぎるのを、私が指摘したことである。一つひとつポイントを教えても、次のときにはまた同じような間違いをする。それが頻繁であったので、あるとき面と向かって「頭が悪いな」といったら、彼はそうだといって率直に認めたのである。

一所懸命に点検をするのだが、つい間違いを見逃してしまうのだという。自分には細かいことをチェックする能力が欠けている、といって嘆く。そこで、書類をチェックするときは、「間違いなし」というつもりで見ていくのではなく、「どこかに必ず間違いがあるはずだから絶対に見つけ出してやる」という意気込みでしなくてはならないなどと、心得を教えてやった。

その後はかなりよくなったが、依然として書類には比較的間違いが多かった。ただ、本人としては全力投球をしているし、自分自身の能力の至らない点を認めているので、責めるわけにはいかなかった。逆に、カバーしてやろうとする気になった。

誰でも得意なことと不得意なこととがある。**自分が不得意なことについては隠したい気持ちになるのが人情だが、おおっぴらに認めたほうが得策だ。**そうすれば、自分が無理する必要もない。それに、自分にはできないといって馬鹿に徹しようとする人には愛敬がある。

彼は結婚するとき、ぜひにといって仲人なしの司会の役目を私に依頼してきたが、私に異論のあろうはずがなかった。その後、彼はその明朗で闊達《かったつ》な性格と進取の気性を買われて、中小企業の経営をオーナーから依頼され、転職して頑張っていた。しかし残念ながら、不治の病に倒れ、帰らぬ人となった。愛すべき大切な子分を失い、残念というほかかない。

3章

こんな行動をとれる人

——まわりに信頼される20項

41

言い訳を絶対にしない人

私が教えているグループのメンバーの一人が亡くなった。病気になってからは会合にも出席しなくなって久しかったので、通夜に出席したのはグループの中で特に親しかった人たち十数人だけであった。しかし、静かな寺でしめやかに行なわれた通夜が終わった後も去り難い気持ちが強く、皆で近所のレストランに行って亡くなった人の思い出話をすることになった。

やさしい人柄を偲《しの》び、それぞれのつきあいの中におけるエピソードを話したので、その人の思いがけない面を知る機会になった。酒が入っても明るい笑い声が起こることはなく、涙ながらの「ささめき的」な力ない笑いしかなかった。皆の気持ちが死者を悼《いた》む気持ちで一致し、それなりによい通夜の集いであった。

その気持ちをずっと引きずっていたので、私は翌日の告別式にも参列した。比較的重要度の高い会合の約束があったのだが、自分の気持ちに率直に従うことにして、会合は延期してもらったのだ。しかし、参列して愕然《がくぜん》としたのは、グループの誰一人としてきていなかったことである。

前夜集まった人のほとんどは会社勤めなどをしていない主婦たちであり、それほど忙しいスケジュールがあるとは思えない。ほかのメンバーについても大同小異で、親しく語り合ったり一緒に旅行したりした仲間の葬儀であれば、万障繰り合わせれば出席できるはずである。

前夜「盛り上がった」悲しくも懐かしい気持ちはどこに行ったのだろうかと、裏切られたような気持ちになった。そこで、そのグループの次の会合のとき、私はそのときの淋しく感じた気持ちを話して、私以外に誰も参列しなかったことが非常に残念だと、率直な心情を述べたのである。

うれしかったのは、私の発言に対して誰一人として何もいわないで、目を伏せたことだ。皆、瞬間的に心から反省しているという気持ちが伝わってきたのである。「すみません。でも……」などと、参列できなかった理由を弁解したりする人はいなかった。

私は誰もこなかったという「結果」を問題視していたので、そんなときに、行けなかった「理由」を聞いても、まったく意味はない。言い訳という自己防衛的なことをされたら、私の悲しい心は一層救われなくなる。しかし、皆、何もいわずに頭を垂れたことで、神妙に反省していることがよく伝わってきた。そこでやっと私は彼女たちのことを、本当は素直でよい人たちなのだと思って気が安らいだ。

42

質問がきちんとできる人

私は頼まれて講演をしたり、セミナーの講師になったりすることがある。最後に質疑応答の時間を設けるのが普通だが、質問がないと、ほっとすると同時に、物足りなく思う。質問があって初めて、その内容によって、私が参加者に理解できるように話ができたかどうかの判断ができるからだ。

一般的には、質問が活発になされればなされるほど、人々が興味を持ってくれた証拠であり、成功であったといえる。特に反論するような質問があるときは、熱心に聞いてくれていたからこそで、自分にとっては貴重な意見であり、自分の論点を見直す材料にもなる。はじめから人を困らせようとする意地悪な質問は困るが、そうでない限りは、質問はその集まりを活性化し、盛り上げるものなので大歓迎である。

質問をするには、手を挙げて発言をしなければならないので目立つ結果になる。それだけ多少の勇気を必要とする。また、通り一遍の質問であっても、それなりの論理構成はしなくてはならない。しかし、それによって自分の考えが整理されるので、質問をすることは自分にとっても大いにプラスになる。

よく質問と称して、自分の考えを滔々《とうとう》とまくし立てる人がいる。これは考え違いも甚だしい。質問というのは、自分にわからないこと、自分が疑問に思っていることなどを、人に聞くことである。質問の背景として自分の考えを述べなくてはならない場合もあるが、そのときは簡単に説明するに留めておく必要がある。自分のスピーチになってはいけない。あくまでも相手に教えを乞う姿勢を保つのだ。それがスピーカーに対する礼儀である。

逆にいうと、**礼儀正しく質問をするというのは、相手が自分より上であることを認めたうえで、教えを乞おうとしている証拠である。**相手を師として仰ごうとする姿勢であるといってもよい。したがって、相手としては気分の悪かろうはずがない。

会社の中などで、そのような質問を上司に対して頻繁にする人がいれば、仲間の中には「調子のよいご機嫌とり」だと陰口をきく者もいる。しかし、その質問が仕事や人間関係にとってプラスになるものであれば、そのようなことを気にすることはない。

そのうえで、その上司の覚えもめでたくなるのであるから、有意義な質問は大いにしたらよい。上司との風通しをよくしたほうが、仕事もうまくいく。人間関係は、所《しょ》詮《せん》相手を立てることによって自分を認めてもらうところから始まる。そのテクニックは大いに利用すべきだろう。

43

目上を必ず立てる人

ビジネスの場であれ一般のつきあいの場であれ、「虎の威を借る狐」は絶えることがない。自分には実力がないにもかかわらず、というよりも実力がないからこそ、力のある人の威信を笠に着て、威張ったり自分の力を拡張しようとしたりする。

ある組織の中で、トップの側近を務めている人がいる。事あるごとに、トップが「ああいっていた」とか「このように考えている」とかいう。それ自体はよい。トップの考えが、自分たちが想像している線と変わらないことを確認して安心することもあれば、異なった方向へ向かっていることを発見して、自らの方向調整をすることもできる。いずれにしても、貴重な情報なので、皆も有難いと思っている。

しかし同時に、その人がトップに近いということをひけらかしている点を苦々しく思う人もいる。また、トップに関する情報を、比較的軽々しく漏らしていることも多少気になる。さらに、組織のことを考えてではあっても、ちょっとでも経営方針に対して批判的なことをいえば、その人を通じてトップに筒抜けになるのではないかという危惧の念も抱くのである。

本人がそのように振る舞っているのは多分無意識のうちであると思われるが、周囲の人の目には虎の威を借る狐と映る。敵に回すと不利なので適当につきあっているが、警戒心を抱いているため、心の中を明かすようなつきあいにはならない。そのうち徐々に、皆から浮き上がった存在になってきた。

その人がトップから指示されて、そのメッセージを皆に伝えるときも、形式ばって「権威的な」においがする。トップの代理という資格において話をするかたちになるので、皆も「平伏」して聞かなくてはならない。これでは、その人よりも地位が上の人たちにとっては、自分の立場がないがしろにされたような気になる。

組織の中に地位が定められている以上、それを無視した言動をしたのでは、組織がうまく作動しないだけではなく、人間関係もぎごちないものになってしまう。どんな場合も、自分より上の人は立てる、という原則を忘れないことだ。

そこで、**トップのメッセージを伝えるときは、自分が皆に直接伝えるのではなく、その場にいる地位が最も上の人に伝えて、その人から皆にいってもらうようにする。**そうすれば、単なるメッセンジャー役を果たしたことになり、その控え目な姿勢に誰もが抵抗を感じない。

44

「笑顔」が素敵な人

立食パーティーやレセプションに参加したとき、一度よく人々の振る舞いを観察してみるとよい。知っている人であれ知らない人であれ、自分が寄っていって話したいと思う人はどんな人か。話しかけられたとしても、できれば逃げ出したいと思う人は、どんな言動をしているか。

目を血走らせて、あの料理、この料理と、皿に取るのに忙しい人がいる。まさに食べ物を「あさる」感じで、見ているだけで嫌な気分にさせられる。人はまったく見ないで食べ物ばかり見ているので、こわばった表情になっていて、とても近寄っていける雰囲気ではない。

グラス片手に会話をしている人の中にも、難しい顔をした人がいる。それほど込み入った内容の話をしているわけではなく、通り一遍の話をしているのだが、無理して話をしているので、心に余裕がない。社交的に振る舞おうとしていても、心の窓は閉ざしているのである。こういう人は、姿勢もちょっとしゃちこ張っている。

これらの人とは逆に、**男性であれ女性であれ、満面に笑みをたたえて立っている人**

には、「花」がある。誰でも受け入れようと心を開いている人だという印象を与える。にらむ人は、相手を敵と見なしているというメッセージを伝えることになる。しかし、ほほえむ人は、相手に味方であるというメッセージを伝えているのである。

姿勢がよく、常ににこにこと笑顔を絶やさぬ人がいたら、すぐ人の目につく。そのような人は俳優である可能性が大である。俳優にとっては「人気」が重要だ。愛敬を振りまくことによって、人々の受けをよくしようと常に心がけている。その姿勢が身についているのである。

パーティー会場などでは、俳優を見習って、大げさにならない程度ににこやかな笑顔を保つと同時に、姿勢よく振る舞ってみるとよい。**人と目が合ったときは、たとえ相手が知らない人であっても、ほほえみかけるのだ。**同じ会場内にいる限りは、まったくの見知らぬ人ではない。お互いに礼を尽くし、仲よくしなくてはいけない。

ただし、その都度つくり笑いをしたのでは、通りすぎてしまえば、笑顔ではなくなる。常にほほえみを絶やさないことが大切だ。それにはまず心を開き、温かい気持ちを維持すれば、自然にほほえみが浮かんでくる。そのような人は、後ろ姿にも笑みが感じられ、人柄にも現われてくるので、自然に人は引き寄せられる。

45

知ったかぶりをしない人

さまざまな情報がマスメディアから人へ、また、人から人へと伝えられていく。しかし、人によって持っている情報のチャンネルが異なり、情報に接する時間帯や度合いも違うため、情報を手にするスピードはまちまちだ。

したがって、自分としては新しい情報であっても、ほかの人はすでに知っていることかもしれない。しかし、面白い情報であったり有益な話であったりすれば、人に話してみたいと思うのが人情だ。そこで、勢い込んで話すことになる。相手が知らなかったらうれしいし、知っていたらがっかりする。

そのような心理を考えたら、人が何か話をしたとき、すでに知っていることであっても、そのまま耳を傾ける姿勢に徹したほうがよいことがわかるはずだ。すでに聞いたことがある話には、つい「そうよ」とか「そうですよ」とかいいたくなる。だが、それでは話し始めた人の出端をくじいてしまう。「へぇー」とか「そうなんですか」とかいって、相手の話に興味を示す態度をとるのである。

もちろん、誰でも知っているような話に対して、まったく知らないふりをするのは、あまりにもわざとらしい。そんなときは、「そうらしいですね。詳しくは知りませんけど」などといえば、相手も話を続けやすい。自分の知っていることを洗いざらい話してくれる結果にもなるはずだ。

いずれにしても、相手の話を途中でさえぎるような反応を示す人は、人づきあいが下手な人である。**上手な人は、会話がスムーズに続いていくように合の手を入れる。**

すでに知っている話であっても、異なった角度から話を聞けば、得るものがあるかもしれない。また、自分が知らなかった詳細な追加情報が出てくるかもしれない。

人が一言か二言いっただけで、その話は知っているという意味の意思表示をしてしまうと、せっかくの情報提供を拒否してしまう結果になる。常に謙虚に構えて耳を傾ければ、最後には相手の貴重な意見や感想を聞くことができるかもしれないのだ。

人が話をし始めた途端に、いつも「そうですよ」などといっていると、「あの人は何でも知っていらっしゃる」などといわれて、誰も何の話もしてくれなくなる。たとえ重要な情報であっても、教えてくれなくなるかもしれない。除け者にされないためにも、とにかく人が話し始めたら一度は耳を傾けるという素直さと謙虚さを忘れてはならない。

46

人の話のオチをいわない人

笑い話や、自分や人の失敗談をするときは、話を面白おかしく聞かせようとするために、演出効果を考えながら話の進行を図っていくものだ。話の背景についてもポイントを一つずつ小出しに説明し、聞いている人の関心が最大限に高まったところで、タイミングよくオチをいって笑いを誘う。

ところが、途中で話の流れをさえぎるようなことをいわれたら、話がぶち壊しになってしまう。したがって、話を聞く側としては、いわばプレゼンテーションをする人のリズムに合わせて、耳を傾け調子を合わせていくのがエチケットだ。オチを知っているからといって、それを先走っていったりすれば、その場の感興を殺《そ》ぐ度合いは計り知れない。

ほかに話を聞いている人がいれば、その人たちも話に横槍が入った感じを受けるので面白くない。話している当人にとっては、迷惑このうえない言語道断の行為である。自分が計画していた筋書きを突如として壊され、一瞬にして主役の場から引きずり下ろされたと感じるからである。

人の話の結論を先走っていってしまう人は、自分は何でも知っているということをひけらかしていると思われても仕方がない。小賢しい行為であり、でしゃばりである。オチをいって笑いを誘うというタイミングを台無しにしてしまう。人の手柄を横取りするに等しい行為だ。話し手は、その場では笑ってすませるかもしれないが、それは苦笑いであり、恨みの気持ちを抱くことは間違いない。

人の話を「取る」のではなく、「盛り上げる」心構えでなくてはならない。話の結論を知っていたとすれば、それだけに話のポイントなり面白さなりがよくわかってい るはずだ。そこで、話の途中で、「それで」とか「どうなった」などといって、上手に合の手を入れていく。全体の雰囲気を盛り上げていくのである。

話し手に「それからどうなったと思うか」などと聞かれたときは、すチを知っていれば逆に、的外れなことをいってみる。とっさに思いつかなかったら、無理せず、「わからない」といって興味津々の風情を見せればよい。

いずれにしても、相手が笑わせようと思っているのだから、相手のペースに乗って「笑わせてもらう」姿勢を保っていくのだ。もしオチを知っていたら、話し手という主役を引き立てる脇役か黒子に徹するべきである。話の進行を妨げる人は疎まれるが、盛り上げてくれる人は感謝され、大事にされる。

47

名指しされたら喜んで立つ人

クラスで生徒がその勉強の成果を発表するとする。その日に先生が誰を指名するかについてはまったくわからない。先生としては公平を期すために、どの生徒がいつ発表したかのメモを作成しておき、皆に満遍なく発表の機会があるようにしている。したがって、二回続けて当てられることはなく、そろそろ順番が回ってくるのではないかと見当をつけることはできる。

そうはいっても生徒としては、いつ指名されるかわからないので、多少はどきどきした緊張感を味わっている。

ところで、名前を呼ばれた瞬間の生徒の反応には三通りある。まずは嫌な顔をして軽い拒否反応を示すタイプだ。こうした反応をされると、先生の気分もよくない。誰でも人が嫌がることはしたくないのが人情だ。嫌な顔をされたという記憶が残るので、その次に当てるときにもちょっとした抵抗感を感じる。できれば避けたいと考えるので、その生徒に対する姿勢もネガティブなものになる。

次に、指名されても何らの感情を示すことなく平然たる態度で返事をして、発表をし始める人がいる。淡々として感情の起伏がまったくないので、先生としても物足りない気持ちである。喜んでいるようでもないし、仕方がなくしているようでもない。感情のやりとりがないので、人間関係はつまらないものになってしまう。

先生にとってうれしいのは、指名されると顔をほころばせ、嬉々とした返事をする生徒だ。勉強に対して前向きの姿勢が現われていて、先生に対しても積極的に応じている。勉強しようという意気込みが明確なかたちで表現されるので、先生の気持ちも前向きになる。

勉強したいという生徒の気持ちと、教えたいという先生の気持ちとが一体になって盛り上がれば、勉強の成果も大いに上がる。したがって、勉強の場では、先生と生徒の双方がお互いに波長を合わせ、コミュニケーションを万全なものにしようとする姿勢が大切だ。

勉強のよくできる生徒は先生に「ひいき」されるといわれることがあるが、当たり前である。先生の呼びかけに対して積極的に応え、期待に沿うように一所懸命に勉強する生徒のほうがかわいいに決まっている。ひいきをするほうが、生徒の努力に対する「公平な」接し方であるともいえる。

48

きちんと謝れる人

ある国会議員のパーティーに出席した。ホテルの宴会場で催される典型的な形式のパーティーだ。最初にゲストスピーカーの講演があり、引き続き議員の話を聞く。その後は隣接する別の会場で懇親会が開かれ、出席者も入り交じって交流をする。

私は特定の政党に対して政治的関心はないが、政治家の言動を直接に見聞きするという意味で、この種のパーティーは参考になる。そこで内容の割に比較的高い会費を払ってでも、時折参加している。現職の大臣や「時の人」的な議員のパーティーの場合は参加者も多いので、入口では入場券の呈示を求めるだけで、名前を一人ひとりチェックすることはない。

しかし、そのとき出席した議員のパーティーは比較的こぢんまりした規模の会であったので、受付で名前をいわなくてはならなかった。開会までに多少余裕がある時間だったので、受付はそれほど込んではいなかった。ところが、私の名前が出席者名簿に載っていなかったのである。受付の女性は「返信のはがきは出しましたか」などと、私のほうにミスがあるような聞き方をしたので、私はちょっとむっとした。

名簿をのぞいてみると、五十音順やイロハ順でもなければアルファベット順にもなっておらず、まったく順不同に並べてあるとしか見えない。こんな並べ方の名簿で探したのでは、いくら時間があっても足りないはずだ。いったん私の名前を聞いておいて、後から調べればよいではないかといっても、「ちょっとお待ちください」の一点張りだ。

このような会の受付で名前のチェックに二十〜三十秒以上待たされたら、客は確実に欲求不満に陥ってしまう。不満を口にしようと思ったちょうどそのとき、顔見知りの秘書がやってきて、受付の女性に後からチェックすればよい旨をいってくれた。しかし、私は大いに不本意だったので、その秘書に「こんな対応の仕方をしていたら、きた客も帰ってしまいますよ」といって、憤懣《ふんまん》をぶちまけた。すると、彼は謝りもせず、「おおこわ」と茶化したのである。

彼と私はふざけ合うほどの仲ではない。あきれた私は、彼を完全に無視した。

彼は反省よりも、受付の女性に対する同情ないしは心遣いのほうが強かったので、そのようなごまかし方をしたのだろう。しかし、それはまさに主客転倒というべき振る舞いだ。**自分たちが悪かったら、まず率直かつ真剣に礼を尽くして謝るのが筋だ。**

私はその議員のパーティーに、その後、出席していない。

49

そっと教えてくれる人

行きつけのレストランに行ったとき、店長が休んでいた。顔見知りのウエイターに「店長は」と聞くと、顔を近づけ、小声になって「好きな野球チームのナイター観戦です」という。

店長であっても有給休暇をとる資格があり、それを利用して好きなことをするのは何ら悪いことではない。しかし、サービス業の場合、サービスをする側が客がきているにもかかわらず、自分の楽しみを優先することについては、何となく抵抗感がある。

したがって客商売では、店の中だけでなく生活全般において、「客より下」を演出するほうが無難だ。小さなレストランのオーナーが大邸宅に住むようになったら、客としては妬みに近い感情を抱く人もいる。

ライフスタイルも目立たないようにしておいたほうが安全だ。定休日でない日に店を休んでいたら、人によっては「いいご身分だ」と皮肉をいう場合もある。したがって、そのようなことは客におおっぴらにいうべきではない。

そこでウエイターとしては、内緒話というかたちをとったのである。**「特別にあな**

ただけに教えます」という気持ちをこめて、こっそり打ち明けたのだ。秘密を教えてもらった客のほうも、打ち明けてくれた人の信頼に応えるために、その秘密は人に漏らすことはできない。二人だけの秘密として胸に収めておかなくてはならない。すなわち、秘密を打ち明けた人と打ち明けられた人との間には、「秘密の漏洩《ろうえい》」という新たな秘密が生まれたのである。

二人の秘密は、地球上にいる七十億余の人間の誰も知らない世界である。たとえそれがつまらない秘密であっても、その瞬間において、二人は最も親密な者同士になる。

実際には露顕したとしても大した問題にはならないことであるからこそ、それを種にして会話を楽しんでいる。このウエイターは、客に対して「内情の通報者」となることによって、密告者の役割を演出している。

大きな声でいったのでは何でもないことも、小声でいうことによって秘密になってしまう。秘密にはスリルがあり、それが秘密を共有する者同士を結びつけ、「仲間意識」を高める。私も仲間にしてくれといって「秘密情報」を手みやげに持ってくる者は歓迎される。そうした演出が上手にできる人は、かわいがられるのである。

50 与えられた仕事には一二〇％頑張る人

ある組織の受付には、いつも二人の受付嬢が座っている。彼女たちは、平均して三、四カ月ごとに顔触れが変わる。人材派遣会社からきていて、アルバイト的な感覚であるから長続きしないのであろう。その組織は受付に人を置いている以上、受付の重要性は認識しているようだが、その認識は中途半端のようだ。

その組織では、受付にはそれほど専門性は必要なく、少しの訓練と指示で、誰にでもできると考えている節がある。確かに受付は、「まあまあ」の程度までは、当たり前の頭の持ち主であれば、誰にでもこなせる。しかし、万全を期そうと思ったら難しいし、高度の専門性も必要だ。

受付は組織の顔である。そこで組織の印象が決まってしまうのである。広報的観点からだけ考えれば、社長が務めるべき役目といってもよいくらいだ。実際、受付の対応が適切でなかったために重大な問題が起こることも稀ではない。

最近は受付は無人で、電話機で訪問相手を呼び出すシステムの企業なども多い。これでは遠いところから訪ねてきた人に対して、「ようこそ」という歓迎の気持ちが感じられない。経費の問題など、理由はいろいろあろうが、「事務的」で冷たい感じである。仕事の場も、人間同士がつきあう場の一つであるという考え方がないことだけは確かだ。ビジネスにも温かい「潤い」の要素が必要なのではないだろうか。

受付に人を置いているところは、それだけ受付の役割を重視しているはずだから、その「潤い」部分を徹底すべきだ。しかし、アルバイト的に受付をしている人は、どうしても仕事を腰掛け的に考えがちだ。こういう人は、客への対応は礼儀正しく、笑顔で機敏に取り次ぎをしてはいるが、どこかに身が入っていない。

ところが、あるとき、受付に、内外ともに非常に評判のよい人がいた。客に対する対応を誠心誠意にしているだけでなく、ひまがあると組織の歴史や仕事の内容、それに役員や従業員だけでなく、取引先の人の名前まで覚えようと努力していた。

そのような努力と知識の集積が、客への機敏で適切な対応となって現われていたのである。**彼女は「終身雇用」されているつもりで、皆に尽くすことに専念していた。**実際には、彼女は結婚して辞めていったのであるが、その後にぽっかりと開いた穴は大きかった。

51

「気持ち」を上手に伝える人

私が故郷の島根県の田舎に帰るときは、親戚や近所の人に手みやげを持っていく。私は着替えなどが少ないので、手荷物の最も大きな部分を占めるのはみやげである。広島で墓参りをしてから島根にまわるときは、あらかじめ島根の従妹《いとこ》のところに宅配便で送っておくこともある。広島で叔母たちに会うときの手みやげを持っていかなくてはならないし、あちこち持ち運ぶのも煩わしいからである。

まだ母が生きていたころは、帰るというと、母は親戚や近所の人の名前を挙げて、持って帰るみやげの個数を指定していたものだ。私は現在も、その母の指示を踏襲している。しかし、若いころの一時期は、このようなことは単なる旧来の陋習《ろうしゅう》と思えて、母のいうとおりにしてはいたものの、心の中では意義を認めていなかった。

特に私が独身のころは、田舎に帰っても二、三日しかいないのに、親戚や近所にあいさつに行くのは面倒くさかった。母がみやげを持っていって、息子が帰ってきたことを報告していた場合も多かった。しかし、母がそうしていてくれたからこそ、私は礼儀正しく、つきあいのよい人間として通用していたのである。

長い間「ごぶさた」している人のところにあいさつに行くのは、儀礼的な部分が多い。いつも肉親が世話になっていることに対して、感謝の念も表明しなくてはならない。その場合、玄関の戸を開けて入っていき、単に「口上」を述べただけでは様にならない。**やはり、「わざわざ」訪ねるに十分な口実にもなる。手みやげがあれば、感謝の表明であれ、さらなる厚誼への依頼であれ、**

あいさつにこられた側としても、手みやげをもらえば、そこに託された気持ちに感謝する。「現実性」が高いことがわかる。そして、「ご丁寧に」といって、礼を尽くされたことに感謝する。そういった手続きを経て、人間のつながりが保たれるのである。「子はかすがい」といって、夫婦の仲を保つためには子の存在が重要だといわれるが、「物のやりとりは人間関係のかすがい」となることも否定できない。もちろん気持ちが大切なことはいうまでもないが、物が気持ちを補強する役目を果たすことも間違いない。

手みやげという形式も、上手に利用すれば自分の気持ちをスマートに伝えることができる。単に気持ちを伝えるよりも、物という「しるし」と共に気持ちを伝えるほうが容易だからだ。昔からのしきたりをさりげなく使う人には、かわいげがある。陋習であるとかいって頑《かたく》なに「現代人ぶる」人には人なつこさが感じられないし、頭でっかちの印象のほうが強くなる。

52

「さりげなく」手伝える人

規模はそれほど大きくはないが、その業界では中堅の位置を占めている企業で、年とった会長にかわいがられている女性がいる。彼女は特定の資格を持った専門職で、入社した時点から経営陣との接触の機会が頻繁にあった。社内会議や外部との打ち合わせなどの席にも連なり、専門の立場から意見を述べたり情況判断を求められたりしていた。

普通の事務の女性であれば、そのような機会は滅多にないが、専門的な知識があるために例外的な扱いをされていたのである。いずれにしても、女性である分、目立つ存在になっていたのも当然だ。真面目な性格で仕事熱心であるうえに、礼儀正しく伝統的な日本女性特有のしとやかさも備えていて、上の人たちの覚えもめでたかった。

特に、創業者である会長には目をかけられていた。しかし、一代で堅実な会社に育て上げてきた人だけに、明らかにえこひいきとわかるような真似はしない。逆に、仕事の一つひとつにわたり、細部についてより厳しくする態度に徹していた。したがって、彼女は特訓を受けたことにもなり、結果的には幹部候補者の道をまっしぐらに進むこととなった。

彼女が目をかけられたのは、単に仕事ができたからだけではないし、女性であるからだけでもない。年をとった人に対して礼を尽くし、手助けをしようとする姿勢があったからである。**それも控え目なやり方である。**

例えば、会合へ出席する会長のお供をして同じ車に乗っていくときに、会長が咳をしたようなときだ。彼女は即座に自分のバッグからティッシュを取り出して、無言のまま会長に渡すのである。「お風邪ですか」などと聞くようなことはしない。もしそうであったら、風邪を引いているという弱味を認めさせる結果になる。人の弱味をわざわざ暴く必要はない。特に目上の人の場合はそうだ。

それよりも、痰《たん》がからんだような気配があったら、その処置のための手助けをするのがいちばんだ。年寄りに対するいたわりは不言実行あるのみ。口先だけのいたわりは、逆にいわゆる年寄り扱いをすることになるので、嫌がられる可能性のほうが高い。

年寄りをいたわる行動を起こすときのポイントは「さりげなく」である。間髪を入れず機敏にする。しかも、年寄りだから面倒を見るのではなく、目上の人だから尽くすという態度をとる。いい換えれば、「秘書的行動」をするのである。当然の結果であるが、彼女は今、役員になっている。

53

年齢で差別しない人

高齢化社会である。その流れの中で、ビジネス社会にも高齢化の傾向が見られる。定年後は仕事をしないでのんびり暮らす、というライフスタイルを望まない人も多くなっている。急激に変動する社会の動きに対する不安感があり、また、脇目もふらず懸命に働いてきた結果、多かれ少なかれワーカホリックになっていて、できるだけ仕事を続けたいという気持ちがあるからだ。

平穏な「余生」などは考える余裕がない。まさに戦時中のスローガンのように「撃《う》ちてし止《や》まむ」とばかり、刀折れ矢尽きるまで渾身の力をふりしぼって働こうとする人も少なくない。「隠居」といわれるにふさわしく閑居している人は、まずはお目にかかれなくなった。

皆、老いを隠そうと、ないしは克服しようと努めている。乏しくなりつつある「若さ」を、少しでもよいから保とうとしている。その心構え自体は悪くないのだが、そのために無理をするのはよくない。その結果、かえって老いを促進させている場合も少なくない。やはり「無駄な抵抗」はするべきではないのだ。老いという自然の流れに身を委ねながら、年齢相応の自分らしく努力していく姿勢がよい。

無理をして「若ぶっている人」に対して、その表向きの若さを賛美してみても、単なるおべっかに終わるだけである。相手はその言葉には喜ぶが、そういってくれた人のことなど考える余裕はまったくない。自分の若さを演出するために全力投球をしているので、かなりの独りよがりになっており、自らを省みることもないからだ。そのような人にお追従をいっても、その人に無理をさせる結果になるだけだ。

ビジネスの第一線では、年をとっているとか若いとかによって差別をすることはない。したがって、年寄りに向かって、その人の「若さ」をほめたたえるのは、逆効果になりかねない。思慮分別のある人は、「お若いですね」といわれて喜ぶようなことはない。そういわれたら「年をとっている」という事実を踏まえたうえでの発言であると考える。

年寄りは年寄り扱いをされるのを嫌がる。と同時に、不相応に若いといわれても心外に思う部分もある。要は差別しないことである。**分別がある人であればあるほど、目上として礼を尽くしてもらうのは当然としても、年齢的なことには触れないで同じ「仲間」として接してもらうことを望んでいる。**それが立派な年寄りにかわいがられる秘訣だ。

54

自分の格を一段落としてみせる人

私が関係している茶道の世界で男の礼装の最上級は、十徳《じっとく》といわれる半羽織風のものである。黒色の麻や紗《しゃ》の生地でつくられ、共紐《ともひも》があり単衣《ひとえ》仕立てだ。正式な茶道の場でこれを着ると、身の引き締まる思いがする。茶会などの場合は酒が供されるときもあるが、十徳をつけているときは、くだけた姿勢になることはない。あくまでも茶道の精神に則って言動を律する心構えになるから不思議である。

「馬子にも衣装」といわれる。どんな人でも身なりをきちんとすれば立派な人に見える、という意味だ。しかし実際には、身なりをきちんとすれば外見だけでなく、中身まで、ある程度立派になるものだ。誰でもタキシードを着ればジェントルマン、イブニングドレスを着ればレディーになったような気になり、自然に優雅に振る舞うはずだ。また逆に、カジュアルな装いをすれば、くつろいだ気分になる。着るものによって心構えまで変わってくるのである。

私も十徳を着れば立派な茶人に見えるようになり、中身もある程度は立派になっている。しかし、正式な場だからといっても、いつも十徳を着るわけではない。私よりずっと経験の深い家元直属のプロの先生たちと一緒のときは、十徳ではなく袴《はかま》にする。茶道の世界では、袴姿は男性の第二礼装である。すなわち、大先輩たちが十徳という第一礼装をしているのに対して、私は袴という、格が一つ下の装いをするのだ。それによって私は大先輩たちに敬意を表わし、自分自身の格が下であることを示すことになる。ほかの人の目から見ても、大先輩が「先生」であることが明らかにわかる。

この点が重要である。相対するときは相手が自分より上であることを認める言動に終始していても、ほかの人たち、特によく知らない人たちの前では、そのような素振りも見せない人がいる。自分と相手は同等であることを誇示したり、ときには自分のほうが上であるかのような振る舞いをしたりする人さえいる。それでは相手の人としては自分がないがしろにされたように感じて、気分のよかろうはずがない。

軍服やある種の制服では、階級の上下が一目でわかる。しかし、一般の場では当然のことながら、そのようなルールはない。そこで、**目上の人も出席する正式な場では、自分はちょっと格下に見える装いをしてみるのだ。**その場の主役や目上の人に「遠慮」しているという気持ちが装いに現われれば、「かわいい後輩」として面倒を見てもらえる確率が高くなる。

55

相手のリズムに合わせて動く人

あらゆる商品やサービスに関して、電話によるセールス攻勢が盛んである。電話は何の前触れもなくかかってくるので、まさに闖入者《ちんにゅうしゃ》だ。仕事をしていようと遊んでいようと、また休んでいようと、割り込まれ、中断される。

そのうえに、こちらにまったく需要もなければ関心さえもない商品やサービスを売りつけようとするのであるから、完全な「押し売り」である。このうえなく迷惑な行為だ。このような商法が野放しになって許されていることに対して、私は大いなる疑問を抱き続けている。電話セールスに対して目立った社会運動も起こらず、法的な規制への動きもないことについて、不思議な気さえする。

デパートなどの小売店における販売員の攻勢に対しても、辟易《へきえき》することがある。商品を見ようと思って近づくと、途端に声をかけてくる。「いらっしゃいませ」という言葉でさえも、歓迎の意を表明するあいさつというよりも、自分の販売の「射程」に入ってきたという「押しつけ」を感じるのは、私だけのひがみ根性であろうか。

それから立て続けに、商品の説明をしたり客の意図や好みなどを聞いたりする。まずゆっくり見ようとする客の気持ちをまったく理解していない。客のリズムを観察して、それに合わせるのが店員のするべきことだ。でないと、せっかく近くまで寄ってきた客も、自分のリズムを乱されて逃げていってしまう。

客が「興味」を持たないうちに売ろうとする「気配」を見せれば、程度は軽微とはいえ、一種の押し売りに等しい。買ってもらおうとする側としては、あくまでも客の意思が主導するかたちで、客との接触を図る心がけが必要だ。

それには、殿様のそばに仕える近習《きんじゅう》の姿勢が参考になる。彼らは殿様の意向を聞くような差し出がましいことは一切しない。何かをいわれない限りは、自分から口を開くことはない。ただひたすら控えていることに徹する。その間に全神経を集中して殿様の気持ちを読む努力を続け、声がかかったら直ちに行動できるように準備をしているのだ。

このように身分の高い人に仕えるつもりでいれば、自分のリズムも自然に客のリズムに合ってくる。客と「一体感」を感じられるようになれば、客も親近感を感じるようになる。

56

嫌がることを「志願」する人

組織の中では仕事に関する限りにおいて、上司は部下に何でも命令することができる。しかし、誰もが嫌がるようなことは、ビジネスライクに命令するのを躊躇することがある。誰でも人が嫌がるところは見たくない。何でも次々と平気で命令できるのは、鬼のような上司だけだ。

そこで、やさしい、というよりは弱気な上司の場合、「誰かしてくれないか」といって、進んでやってくれる人を募るというかたちをとることになる。そこで志願してくる人がいれば、上司は助かる。嫌なことを押しつけなくてすんだので、気分もよい。

しかし、誰も進んでしようとする人がいなかった場合は、誰かに命令せざるをえなくなる。嫌なことを避けようと思って悩んだうえで考えた方策も、うまくいかなかった。いよいよ決断をしなくてはならない。結局は、二度悩む結果になるのである。また、命令された部下としては、上司から押しつけられた仕事なので、嫌々ながらという気持ちを払拭することができない。こうして、上司も部下も不満足な状態に置かれることになる。

したがって、**「募集」をしたときに進んで「志願」してくれる部下がいれば、上司としては非常に気が楽だ。精神的な負担をなくしてくれたのであるから、うれしく思い、感謝するのは間違いない。**上司としては、その部下に目をかけることになる。また、部下のほうも自分から進んでしようとする気になったのであるから、姿勢は前向きで張り切っている。積極的にするので成功する確率も高い。

自分から志願しなくても、その部下はその仕事をするように命じられたかもしれない。しかし、命令されてする仕事は、いわゆる日常業務の一つにすぎない。特別に目立つこともなく、同僚たちからも単に運悪く指名された人として片づけられるだけだ。

進んで志願した場合、同僚の中にはその人のことを上司におもねる嫌な奴と思う人もいるかもしれない。しかし、素直に考える人たちは、自分たちがその仕事をしなくてすんだので感謝するはずである。すなわち、心ある同僚たちにも好感を持たれる結果になる。

独りで進んでしようとすれば、ほかの人も手伝おうとする。いわば皆が見守っている情況なので、そこで協力的な姿勢をとらなければ、ひねくれた態度が明白になる。お互いにある程度は協力せざるをえない情況になるのである。このように、嫌な仕事でも志願すれば、最終的にはよいことばかりなのだ。

57

人の優越感を上手にくすぐる人

人におめでたいことがあったり首尾よくいったことがあったりしたら、一緒に喜ぶのが人間の自然な感情である。また、その喜びの気持ちを当人に伝えるのが人の道に適っている。もちろん、人の出世や好運を妬む気持ちが起こる場合もあるが、それは自分にとっては何らプラスにならない。世をすね、人生を後ろ向きに歩いていくのと同じだからである。

妬む気持ちになったときは、そのときの自分の精神状態を分析してみるとよい。「それはなぜか」という質問を繰り返していって、自分のエゴを深く追究してみるのだ。すると、自分にとってまったく損にしかならない考え方をしていることがわかる。そうすれば早い機会に、人生を前向きに生きるよう方向転換ができるはずだ。

いずれにしても、よいニュースを聞いたら、できるだけ早く当人に、「私も共に喜んでいる」旨を伝える。 そのときは単に、「おめでとうございます」とか「よかったですね」とかいうだけでなく、ほめ言葉をつけ加えてみる。「なかなか普通の人にはできないことですね」などといって、卓越した点や優秀である点に焦点を当てるのである。

さらに、すでにかなり詳細を知っている場合でも、当人から詳しい背景などを聞きたい気持ちを表明してみる。すると、当人としては、ちょっとした自慢話をする機会ができる。誰でも自分が得意になっていることに関しては控え目な態度をとりながらも、人に話したいという気持ちがある。

そこでおべっかにならない程度に相手の優越感をくすぐっていくのである。情報の詳細を知りたいというかたちをとることによって、相手が話せる結果になる。相手としては、自分からしゃしゃり出て自慢話をするのではなく、仕方なく話をさせられる羽目になったかたちなので、抵抗を感じることが少ない。

そのような相手の心遣いに対しては、まったく無意識のうちにではあるが、感謝の気持ちを抱く。相手を自分のほうに寄ってきてくれる者として考えるので、これも無意識にであるが、自分の「取り巻き」のように考えるようになる。知らず知らずのうちに、その人に目をかけるようになるのは当然だ。

人が話したいと思っていることを話しやすい雰囲気をつくっていくのは、人とのつきあいの極意であり、人によい印象を与える結果になる。

58

自尊心を傷つけない人

ビジネスの場において誰かが仕事に重大な影響を及ぼす失敗をしたときは、その当人を交え、ないしは目の前において、その原因を徹底的に探究し、分析する必要がある。それは当人が反省していようがいまいが関係ない。当人にとってもほかの者にとっても、二度と同じ失敗をしないために必要な作業だ。

しかし、**まったく個人的な失敗などの場合は、本人の前では話題にするのを避けたほうが賢明である。知らないふりをするのだ。**本人が意気銷沈《しょうちん》している様子を見ると、つい慰めたくなったりする。例えば資格試験に失敗したようなときは、激励の言葉の一つや二つもかけたくなる。

ただし、そのような場合の激励には、その底に同情がある。特に独立心の旺盛な人には、同情されるのを忌み嫌う傾向がある。「同情なんかしてほしくない」というのは、よく聞かれるせりふだ。何とか独りで頑張って「失意」のときを乗り切っていこうと思っている人にとって、同情されることは失意を思い起こさせる効果しかない。せっかく抜け出そうと思っているところへ引き戻されることになるのだ。

したがって、こちらは激励という前向きの意図であったとしても、相手としては失敗を再確認させられたと感じることになる。特に相手が上司や目上の人で、さらに気の強い人の場合は、同情は禁物だ。部下や目下からかわいそうだと思われたのでは、自分の矜持《きょうじ》にかかわると考える。自尊心が傷つくのである。つまり、かわいそうだと思ってその気持ちを相手に表明すれば、人にかわいがられない結果になるのだ。

もちろん、相手から同情を求められたときは、話はまったく別である。同情を求める人は、自分の失意の世界に他人を引きずり込もうとしているのである。一緒になって嘆いてくれる人がほしいのだ。気の弱い人は独りで嘆くのには耐えられない。自分の気持ちを分かち合ってくれる人がいたら、それだけ自分の嘆きの感情も少なくなる。気が収まる、ないしは紛れるのだ。

そもそも同情とは、人と感情を共有することである。すなわち、人の感情の世界に入り込むことだ。したがって、本人の許可なくして入れば「不法侵入」をした結果となる。特に相手が目上の人であれば、自分より「上」にいる人の世界に上がっていくことになる。これほどおこがましいことはない。**同情は自ら進んでするものではない。**人から依頼されてからするのがよい。

59

「悲しみ」を理解してくれる人

著名な人が亡くなると、ニュースとしてテレビや新聞などで報道される。また、一般の人は知らない人でも、官庁や大企業の幹部、それに政治家などについては、過去にそうであった人も含め、新聞の死亡欄に載る。葬儀の日取りや時間、それに場所だけでなく、業績の概略なども書かれているので、一般の人も、その人の業績がわかる。

また、現在活躍している人たちの配偶者や親の死についても、その事実と葬儀などに関する情報が死亡欄で報じられる。しかし、これは筋違いとしか考えられない。一般の人に対するニュースとしての価値が、あまり認められないからである。

とはいえ考えてみると、配偶者や親の死が報じられる人は、友人や知人が多いだけでなく、仕事関係のつきあいも広い人のはずだ。そういう人は、ちょっとしたつきあいだけの人にまで自分の身内の死を知らせたりしない。しかし、新聞の死亡欄に載れば、直接知らせをもらえなかった人も葬儀などに参列して故人に哀悼の意を表することができる。

ちょっとした取引があるだけの仕事上のつきあいなのに、相手の身内の葬儀にまで参列するのは、まさに浮世の義理というほかない。身近な人を亡くした人の悲しみを思ったとしても、その感情はそれほど深いものではない。しかしながら、悲しみに沈んでいる者にとってお悔やみをいってくれる人は、大きな慰めをもたらしてくれる。悲しさを紛らせ、心を和らげてくれるものだ。

単なる義理からであれ、葬儀に参列してくれた人と、まったく無関心であった人との間には、まさに雲泥の差がある。義理堅い人というのは、少なくとも人間関係を重要視している人である証拠である。

故人本人に対する悲しみの感情に基づいた参列ではなくても、故人に対して手を合わせたときは、たとえ瞬間的であれ、心から悼む気持ちになっている。縁の薄い人の場合、その気持ちは早々になくなってしまうものだが、それでも身内を亡くした人にしてみれば、自分の悲しみに「共感」し、自分の悲しみを理解してくれた人に対しては、自分の心を開いていくものだ。

感情を共有することは仲よくなることである。身近な人の死に直面したときに抱く悲しみの感情は激しく強い。共感の世界が成り立ちやすいときだ。印象に強く残る。いずれにしても、義理堅い人はかわいがられる。

60

「自分の上司」に優先的に仕える人

渋谷駅前の銅像にまでなった忠犬ハチ公は、毎日主人を渋谷駅まで迎えにきていたといわれている。当然のことながら、かわいがられていたはずだ。飼い犬がかわいいのは、一度教え込んだことをどこまでも守る点にある。飼い主のいうとおりに動くので、見ていても面白い。

私も中学生時代、小犬を飼っていたことがある。山に囲まれ、野原が広がる中に田畑が少々あるだけの村であったから放し飼いであった。林業や農業が中心の村なので、朝と正午と夕方には役場のサイレンが時間を知らせる。すると、近所を走り回っている犬も、そのサイレンが鳴るのを合図に、必ず家に帰ってきた。

一度、日が暮れた遅い時間に帰ってきたことがあったが、それは停電でサイレンが鳴らなかったからであった。皆で大笑いをしたのを昨日のことのように覚えている。律義なまでに合図に従っている行動様式がおかしかったのである。

犬も人に馴れ親しみ、人のいうところに従わなかったら、かわいがられることはない。人の期待を裏切らない限りにおいて、犬は人の信頼を得ることができる。犬は同じ指示に対して、また同じ情況において、いつも同じように反応するので、安心して見ていることができるのだ。

人の場合も同様である。**なついてくれる、すなわち寄ってきて馴れ親しみ、いうとおりにしてくれる人はかわいく思うのが人の常だ。**ビジネスの場であれば、ルールに従い指示どおりに動くのが基本的な姿勢である。事務的な仕事の場合は、いつも同じ時間に同じ場所にいて、同じように仕事をするというのが第一の条件だ。

そうであれば、上司としては自分の期待どおりにことが運んでいるので安心していることができる。そのときどきの指示に対しても裏切ることなく忠実に対応してくれる部下には、まったく抵抗感がない。忠犬ハチ公のように忠実な部下がかわいくない上司がいたら、その上司には性格的および能力的に大きな欠陥があるといってよい。

また、かわいがられる人は、飼い犬がほかの人のいうことよりも飼い主のいうことを聞くように、自分の上司に対して優先的に「仕える」。「忠臣は二君に仕えず」だ。忠犬ハチ公のように、一人の主君に誠を尽くしてみる。少なくとも現時点においては、自分の上司に対して集中的に精力を注ぎ込むのだ。それに対しては、上司も誠意を持って応えてくれるはずだ。

4章

こんな人間関係を持っている人

——「うれしい」を共有する20項

61

気取らない人

　ある組織で働いていた人がいる。ちょっとした専門的知識もあるので重用されていた。そのうえ、父親の職業の関係からさまざまな分野の人たちと比較的簡単にコネをつけられる立場にあったので、有用な存在になっていた。そのためかその人は、ときどき気取った言動をする傾向が見られた。

　ビジネスの場では淡々と仕事をこなしていたので、ちょっと格好をつけているところがあると思われてはいても、それほどの違和感はなかった。しかし、仕事が終わってからのつきあいでは、彼は一線を画していた。皆が一緒に飲みに行こうと誘っても、居酒屋での飲食であれば参加しない。

　酒は飲むのだが、ビール一杯の後はワインしか飲まないとうそぶき、飲み屋のような雰囲気の中で日本酒を飲むのは嫌だ、というのだ。カラオケにも行かない。下手な素人が歌うのを聞く耳は持っていないし、自分も歌手ではないからといって、断るのである。しかし、こぎれいなフランス料理やイタリア料理の店であればつきあうといった調子だった。

忘年会のように皆で集まるときも、あか抜けたレストランや料理屋で催す場合には出席する。しかし、伝統的な日本料理屋であっても、大衆的な雰囲気の店の場合には、いろいろと理由をいって、三回に一回ぐらいは欠席するのである。参加したときでも、ワインの小瓶を持ち込んで、自分一人で飲むようなことまでする。

薄汚れた感じの店で皆と杯のやりとりをするのはご免だ、といわんばかりの態度である。飲み会では飲むに従って皆酔ってきて、座も乱れてくる。典型的な日本式宴会の場と化し、皆あちこち酒を注いで回っては口角泡を飛ばしながらの話に盛り上がっている。しかし、彼はどこまでも冷静で、一人ワインを飲みながら孤高を保っているのである。そんなことが続けば皆も面白くないので、自然に彼を敬遠し始める。特に宴席では誰も相手にしなくなり、除け者扱いになってしまった。

皆が騒いでいるときは一緒になって騒ぐ。人が馬鹿な真似をするときは、自分も馬鹿になってみる。たとえ自分が嫌いなことでも、できるだけ調子を合わせなければ、浮いてしまうのは当たり前である。一人で気取ってみても、人は立派だとは思ってくれない。かわいげがないとして避けられるようになる運命である。自分自身も面白くなく、神経が疲れるだけだ。騒ぐ阿呆に見る阿呆、同じ阿呆なら騒がにゃ損、である。

62

節操を守る人

日本の伝統芸能の世界では、各ジャンルの中にいくつかの流派ができている。それぞれに特徴があって、その微妙な違いに何ともいえない味がある。その特長が流派の癖であり、そのために魅力が増し、面白さが助長されているのだ。

金持ちの奥様で日本舞踊を習っている人がいた。のめり込んでいるといったほうがよいくらいの気の入れようで、異なった流派の師匠、三、四人に習っている。器用に踊っているのだが、見ていてまったく面白くない。自分一人だけの発表会では、金に飽かして有名な俳優を相手役にして踊ったりするのだが、どうしても盛り上がりに欠ける。

本人は各流派のよいところを取り入れて踊っているつもりかもしれないが、それだけに統一のとれたかたちになっていない。綾《あや》もなければ深みもない無味乾燥なものになっている。それぞれの師匠としても、ほかのところでも習っていると思えば、教えるにもあまり身が入らないはずだ。月謝や礼金をもらっているから、その分だけは教えようという姿勢であるに違いない。

舞踊に限らず伝統芸能のけいこ事をするときは、一つの流派の、しかも一人の先生の下で勉強するのが鉄則である。たとえ最初に選んだ先生がよくないと思っても、一生を通じて習い続けていく姿勢でなくてはならない。その先生も、先生となっている以上は、どこかに優れたところがあるはずだ。そこに焦点を当てて、深く学んでいくのである。伝統芸能は深く入っていけばいくほど、伝統の重さと厚さがわかってくる。

ところが、広く勉強するのだといってほかの先生にも習ったりすれば、自分の「筋」に乱れが生じてくる。自分の先生に内緒にしていたとしても、新しくおかしな癖が現われてくるので、すぐに見破られてしまう。そうすると、元からの先生としては、本気で教える気がしなくなるだろう。

新たに教え始めた先生にしても、ほかのところでも習っているのはわかっているので、相手の流派のスパイではないかと疑う気持ちが無意識のうちにも生じてくる。これまた中途半端な教え方にしかならないであろう。

「幅広く」というのは、「節操がない」ことにも通じる。欲張ったばかりに元も子もなくする結果にもなりかねない。**これと決めたら一筋に続けてみる。**ひたむきに学ぼうとする人に対しては、先生も目をかけて全力投球で応える。その結果、「出藍《しゅつらん》の誉《ほま》れ」ということにでもなれば、その弟子は先生の誇りとなる。

63

自立している人

意見を聞いても、「そうですね」といったきりで考えている風でもなく、ただ時間が経過するのを待っているとしか思えない人がいる。そこで、こちらで考えていることをいって、それについてどう思うかを聞くと、「それでよいのではないか」という返事が返ってくる。こういう人はまさに「ぬかに釘」といった感じで、まったく手応えがなく、張り合いのないことおびただしい。

せめて「その考えはいいですね」といった積極的な賛同を表明する言葉が返ってくれば、こちらの気持ちにも弾みがついてくるのだが、これでは憮然たる気分になる。よくいえば控え目な人であるともいえるが、自分自身の意見を持っていないか、持っていても表明しないかのどちらかである。いずれにしても旗幟を鮮明にしないので、敵か味方かがはっきりしない。

社会的な観点から見れば、まったく自立していない人である。自分自身の確固たる意見を積極的に述べることがないので、少なくとも表面的および結果的には付和雷同をしたかたちになっている。しかし、心の底では何を考えているかはっきりしない。

したがって、心を割った話ができる相手ではない。

それだけに大勢で何かをしようとするときは、非常に便利のよい存在である。特に人数を揃える必要があるときは、まず当てにしておいて間違いない。例えば皆で集まって食事の会でもしようかというとき、少なくともその企画に反対することはないからである。予定がなければ、必ず参加してくれる。また、こういう人は何かスケジュールがあった場合でも、ちょっと説得すれば、予定を変更して参加してくれることが多い。それは皆に合わせるのをモットーにしているからである。そこで、誰からも悪く思われたくないという八方美人的な振る舞いをする。

ところが、そういう人は、ほかにもっと魅力的で有利な条件の催しがあったら、そちらのほうに行ってしまう可能性が高い。大勢の中の一人であるから、そうなったとしても、それほどの影響はない。しかし、いつどこかに行ってしまうかもしれない人なので、心から信頼できない。

また、自分自身の明確な考えがないので、重要なことは何一つ任せることはできない。自分で判断する習慣がついていないので、自主的に方向性を打ち出す才覚もない。人に指示されたことしかできない。結局こういう人は、単に便利のよい人として利用されるだけで、特別に目をかけられる人にはなれない。

64

回り道でも一緒に行く人

何人かで夕食を一緒にしたようなとき、デザートも食べ終わり、コーヒーや紅茶を飲むころになって、一段と話が盛り上がることがある。コーヒーや紅茶のお代わりをしたり、酒飲み同士であれば食後酒を注文したりして、「時間延長」を図る。しかし、そのような方策にも限度がある。お開きにせざるをえない時間になる。

それぞれに自分の家に帰る経路をいって、同じ方向の人同士は連れ立っていく。そのようなときに、一人だけ方向が異なっている人は、ちょっと淋しい思いをする。特に、その人が皆より目上の人である場合は、何となく除け者にされたような気がしないでもない。

楽しい集まりであっただけに、去り難い気持ちがある。名残りが尽きない思いがするのだ。時間的に余裕があれば、二次会にどこかへ行きたい気分のときである。一人で帰るのは、そのような思いが突如として断ち切られることだ。

そのように**淋しく思う気持ちを察して、多少は回り道になっても、途中まで一緒に帰ろうと申し出てくれる人がいたら、非常にうれしい。**「地獄で仏」とまでいうのは誇張になるが、「極楽で気の合った仲間」というくらいの、うれしさはある。

もちろん、まったく反対方向の人であったら、逆に迷惑をかけるという思いが強くなってしまう。距離にもよりけりであるが、回り道をしても正三角形の頂点へ寄っていくくらいであれば、申し出を受ける側としても、それほどの抵抗感はない。東京都内で地下鉄を利用する場合であれば、かなり縦横に網が張り巡らされているので、ちょっと考えただけで簡単に適切な経路を考えることができる。

「旅は道連れ世は情け」である。短い距離でも一緒に行ってくれる人がいれば、楽しさは倍増する。世の中で生きていくには、人の情けが必要である。自分が目上のときは、大切にしてくれると同時に、慕ってくれているのかもしれないと考える。感謝の気持ちを抱き、面倒を見てやらなくてはという気にもなる。それに、それまでの楽しかった集いの余韻を一緒に楽しみながら帰ることができるというのがよい。

回り道をする人としても、相手が自分より経験豊かな目上の人であれば、参考になる話も聞くことができる。言葉の端々に貴重な考え方を見出し勉強になることが多いはずである。回り道をしたために、たとえ余分の料金を支払ったとしても、安いものだ。喜んでもらっただけでも自分の心が安らぐ。

65

「素敵な人に似ている」とほめる人

世の中は広い。比べて見れば明らかに別人であるとわかるが、遠くから見たり走っている車から見たりすると、まったく同一人と見誤る場合が少なくない。長い間会っていなかった人の場合、知っている人だと思って話しかけてもけげんな面持ちをされ、「すみません、人違いでした」と謝った経験の一つや二つは、誰にでもあるはずだ。

どこかがちょっと似ている人は大勢いる。そもそも人間の顔は、そのかたちや大きさ、それに目鼻耳口などの各要素の位置などが千差万別とはいっても、大まかにいえば皆同じようなものである。遠くから見て一人ひとりの区別がつくほうが不思議なくらいだ。

西洋人を見慣れていない田舎の年寄りの目には、どの西洋人もほぼ同じに見えて、識別できない。つまり、同じ人種の同じ性別の人であれば、混同しやすいのである。

血のつながった親子や兄弟姉妹はよく似ている。特別な化粧をしたりしない限りは、数人の中から兄弟や姉妹の組み合わせを選び出すのは簡単だ。

話はそれるが、血のつながった者同士が似ていることに関して、私が小さいときから疑問を持ち続けている点がある。リアリズムを基調とする映画の登場人物の親子や兄弟姉妹がまったく似ていないことである。演技力などを主に配役を考えていくので、似た者同士を集めるのが無理なことはわかるのだが、あまりにも似ていない「似ても似つかない」俳優同士であると、違和感を払拭することができない。

閑話休題。女性に、美人女優に似ているというのはほめ言葉である。いわれて「そんなことはない」と否定していても、内心は喜んでいるはずだ。男性の場合も同じであるが、多少の感じ方の違いがある。男女の平等ということに関連して微妙な問題があるが、まだ一般的には「男は顔ではない」という考え方がある。**美男俳優に似ているといわれるよりも、ビジネスやスポーツの分野で活躍している人に似ているといわれたほうが喜ぶのではないだろうか。**

ただ単に有名な人に似ているというのは危険だ。プラスのイメージが確立されている人でなくてはならない。有名な人であっても、悪のレッテルを張られた人などマイナスのイメージがある人に似ているなどとは、間違ってもいってはならない。恨まれるだけである。たとえ皆が「そっくり」であるといっても、自分だけはその人が似ているとは思えないといってあげるべきだ。自分を擁護してくれた人は自分の味方であると解釈するものである。

66

窮地で手を貸す人

仕事の場であれ家庭であれ、人が自分のところにきて帰るとき、急に雨が降り出していたら、傘を貸すのが心遣いというものだ。天気予報が雨であったり空模様が雨の気配であったりするときは、用心深く、はじめから傘を持ち歩いている人もいる。しかし、聞いてみて持っていないといったら、傘を持っていくよう申し出る。

ただし、雨が降っているときは傘が必要だが、人から借りたら返さなくてはならない。いつも訪ねてきている事務所や家であれば、またすぐに返す機会もあるが、それが晴れの日であれば、日が照っているときに傘を持って歩くのは格好が悪く、何となく気が引ける。

特に、雨が降ることがほぼ確実にわかっているときでも、出がけに降っていなければ傘を用意しない人は、傘を持ち歩くのが面倒だと思っている人である。こういう人は、傘を返す日に雨が降っていたら自分の傘をさしながら返す傘を手に持たなくてはならず、逆に晴れていたら傘を手に持つなどは最悪の事態だと考える。そこで借りる気にはならないのだ。

もちろん、そのような事情も、小さくて軽い携帯用の傘の場合は、多少は変わってくる。しかし、面倒くさいと思う人にとっては、返さなくてはいけないと考えるだけで、借りる気にはならないものだ。

すなわち、傘を貸すという考え方に問題がある。**返さなくてもよい傘を持たせてあげるという方向へ、考えを転換させる必要がある。**そうすれば、中途半端な心遣いではなく、相手が気楽に厚意に甘えることができる結果になる。当然のことであるが、高価な傘であったら、相手は辞退しようとするし、返さなくてよいといわれても返しにこなくてはならないと感じる。

だから、安物の傘を用意しておくのだ。ケーキ一つの値段と同じくらいのものでよい。使い捨ての用具については、それだけゴミが増えることを考えれば、環境保護の観点からは抵抗感があるかもしれない。しかし、その人が同じように事務所や家に置いて、ほかの人に利用してもらえると思えば、それほど良心の呵責《かしゃく》を覚えなくてすむ。

訪れてくれた人に対してケーキ一つを余分にごちそうしたと思えば安いものである。しかし、相手にとっては、急に雨が降り出したとき、すなわち窮地にあったときに救ってもらった有難味は大きい。親切な人に対する思いは、いつまでも続くはずである。

67

相手が楽しく聞ける話をする人

皆のひんしゅくを買っているおばあさんがいる。話題のことごとくに関連づけて、自慢話が始まるのである。それも昔の「栄耀栄華《えいよう》」についてだ。小さいころ広壮な邸宅に住んでいて大勢の人にかしずかれていたことや、自宅の庭で外国の人を招いた園遊会などを催したときのきらびやかな様子、庭の池にはボートが浮かべてあったこと、そのころとしては進歩的なことだが娘時代に自動車の運転免許を取ったことなど、次々と自慢話が出てくる。

その屋敷跡には現在、多くの大きなビルが立ち並んでいるし、よく知られている家柄なので、実際にそのようであったことは想像できる。話の内容自体も面白い。自分の周囲に起こったことを本人が話すのであるから興味深い。聞いている人たちも、さらに細かいことを聞いてみたい気持ちもあるのだが、いつも何かにつけて「問わず語り」に自慢たらしい話になっていくので、皆、不快感を覚えてしまうのである。

そして、それ以上は自慢話をさせたくないと思うので、できるだけ聞き流す姿勢をとろうとする。昔を懐かしむのはよいのだが、自分から進んで話すことによって、自分の感情を人に押しつけようとする。それが人々の抵抗感を誘うのである。

一方、その人ほどではないが、昔、かなりぜいたくな暮らしをしていたおばあさんがいる。この人は「かわいいおばあさん」という評判だ。昔のことについては、人から話すことを求められてからでないと口を開かない。そのようなときでも、自分が「お嬢さん」であり箱入り娘であったから、などと、自分を美化したようなニュアンスでの物のいい方はしない。

自分は「ぼんやりとした」物のわからない娘であったからとか、まったく勉強をしなかったからとかいって、自分を卑下するところから話し始める。世間を知らなかったために起こった事件や失敗について、面白おかしく話すのだ。**自分を戯画化することによって、皆の笑いの種にしているのである。**そのうえで、現在の「没落」を嘆き、昔を懐かしむ風情を見せる。落ち着いた話しぶりに皆も好感を抱くのだ。

誰でも年をとってからは、すべての面で後進に道を譲る姿勢が肝要である。それが、成長した後に衰退し、消滅に至るという自然の理に適った動きだ。したがって、でしゃばりには無理があり、周囲の人も抵抗感がある。できるだけ自然に従った言動をするところに、人間のかわいらしさが見られるのだ。

68

迷惑をかけても許される人

ときどき集まって飲んだり食べたりして、コミュニケーションを図っているグループがある。いつもカジュアルな感じのレストランの一角を予約しているので、比較的大声で話し合い、遠慮なく振る舞うことができる。二十人前後が集まるのだが、酒を飲めない人も、ビールやワインにちょっと口をつけるぐらいはする。まったく飲めなかった人も、一口だけといわれてつきあっているうちに、少しぐらいは「たしなむ」ことができるようになったのだ。

料理はいくつか注文して、皆で分け合って「つまみ」風に食べる。最後にそれぞれ好きなデザートを食べてからお開きになる。大体二時間強かかるのだが、いつも一時間ぐらい遅れて参加する若い女性がいる。職場が都心から離れたところにあるのと終業時間が遅いのとで、どうしても間に合うようにくることができない。

遅れてくるために、彼女の分の料理も取り置きしておかなくてはならないし、いつ現われるかと気にしながら待たなくてはならず、皆に迷惑をかけている面も多い。しかし、本人の顔を見ると、皆、心から歓迎する。

彼女が皆にかわいがられているのは、まず、常に笑顔を絶やさないことにある。また、小柄な点もプラス要因だ。大きいものより小さいもののほうがかわいいと考えるのは、人間の自然な感情である。子供らしいという言葉は、かわいらしいという言葉の同意語である。小柄な人は、自然に振る舞うだけでかわいらしい印象を与える。突っ張った態度をすれば、逆に小賢しい印象がより強くなるので得策とはいえない。

それはさておき、いつも遅れてくる彼女がするのは、皆に対する簡単な近況報告だ。**もちろん自慢話は一切しないで、現在何をしているかを淡々と説明する。**最近考えていることを述べることもある。最初から集まっている人たちは、お互いに自分のことなどを話し合い、情報交換を終えている。そこで話をするのでタイミングもよい。

仕事のことや個人的なことを、かなり包み隠さず話していく。質問をされても、率直に受け答えをする。つらい思いをしたことについても、自分の気持ちをそのままに話す。そのような場合でも、ぐち一ついわないので、聞く人もすんなりと耳を傾けることができる。

個人的な近況報告というのは、「近過去」の身の上話である。ありのままの身の上話は面白い。皆の好奇心を満足させる結果にもなっている。いくら遅れても、彼女が待ってもらえる所以《ゆえん》だ。

69

喜びを全身で表現する人

相手によかれと思ってしたことに対して、相手もそれに気づいて喜んでくれたときは、自分もうれしく思う。しかし、相手が喜んでいるかどうかはっきりしないときや、それほど喜んではいない様子のときは、がっかりするものだ。同時に、その人のためには二度と何かをしてやらないなどとふてくされた気持ちになりそうになるのも無理からぬ反応だ。

そうしてみると、自分にプラスになることをしてくれた人がいるときは、その人に感謝の念を表明するだけでは相手にとって印象的な喜び方にはならない。目の前で大いに喜んでいるところを見せなくてはならない。単純な例であるが、みやげに何かをもらったとき、単に「ありがとうございます」というだけではなく、「え、これを私にですか」という反応を示す人がいる。自分に買ってきてくれたことに対して驚きを表現することによって、喜びの気持ちを大きく示すのである。

また、「え、うれしい！」と叫ぶことによって、有頂天である気持ちを表現する人もいる。欣喜雀躍《きんきじゃくやく》の様子を目にすれば、買ってきた人としても、そんなにも喜んでくれるのかと考えて、大いに報われた気がする。また次の機会に喜ぶ姿を見たいものだと思うはずである。

感情の表現は誇張して、というと語弊があるが、喜びなどプラスの感情表現については「発展的」にしたほうがよい。楽しいことはできるだけ増幅するのが、人生をプラスの方向へ向けて生きていく秘訣である。楽しいという気持ち自体を楽しんでいこうとする、まさに増幅的な考え方である。

悲しみの表現の場合も、「発散的」にするのが効果的だ。悲しみの中に入り込んでいくことによって悲しみを散らすのである。悲しみを内にこもらせていたのでは、いつまでたっても悲しみから逃れることはできない。

いずれにしても、喜ばせてくれた人に対しては、自分が喜んでいるところを最大限にしてみせるのが、最も適切な感謝の表現である。もちろん、大げさすぎたのではわざとらしくて、逆に白けてしまう。自分の素直な気持ちをフルに表現することが必要である。気持ちがないのに、気持ちを「創作」して表現してはいけない。

相手がこおどりして喜んでくれた姿は印象的である。いつまでも記憶に残り、そのポジティブなイメージを再現したいと思う。そこで、また喜ばせてやろうという気になっていくのである。全身で喜びを表現するのは、かわいがられる人の条件の一つだ。

人の悪口は聞かない人

人の噂話《うわさ》は面白い。ひまがあれば、誰でも耳をそばだてて聞きたいと思う。それはできるだけ情報を手に入れたいと思う人間の本能的な性向であるかもしれない。また、面白い話を聞いたら、それを知っている人に教えたいと思うのも自然である。そのようにして、話が人から人へと伝わり、広がっていく。

その話が自分の知っている人に関する場合は、その内容によっては人に伝えないほうがよいと判断することもある。例えば、自分の親友に関する悪い噂であれば、自分の胸にしまい込んで、それ以上に広がっていくのを防ごうとする。

その話が本当であるかどうかをチェックする必要はない。根拠のはっきりしない話であるから、無視するのが賢明である。それに、聞いた話を人にするときは、必ず尾ひれがつくものだ。自分なりの解釈をしたり意見をつけ加えたりする結果になる。自分が聞いたとおりの話を一〇〇パーセント、そのまま人に伝えるのは不可能である。したがって、噂話を人に伝えるときは、少なくとも自分が「脚色」した話をすることになると心得ておいたほうがよい。

結局、噂話を聞いて伝えたのではなく、噂話をつくって流した結果になる。それが知っている人に関する話であれば、その人の信頼を裏切ったのと同じだ。内容が真実かどうかわからない話をしたのであるから、後からその人に恨まれても仕方がない。

知っている人であれ知らない人であれ、人の悪口になる話には関わりを持たないことだ。興味本位に聞いたり話したりする人は、「おしゃべり」の烙印《らくいん》を押されてしまう。あの人に話したら瞬時に皆に広まってしまうといわれて警戒され、親密な仲間には入れてもらえなくなる。

悪口はいうべきでないと同時に、聞くべきでもない。聞かされている話が人の悪口であるとわかったら、即座に耳を塞《ふさ》ぐのだ。「そのような話は聞きたくない」といって、話を途中でやめさせたり、その場を離れたりすればよい。悪口を聞いてうなずいていたら、話の内容に賛成していることになり、悪口をいうのと同じである。黙って聞いていても、同じように判断される。

悪口をいう人に反論をしたとしても、悪口の火種にさらに燃料を注ぎかけるようなものだ。話の種を増やしてしまうだけで、さらに話を面白くする結果になる。すなわち噂話や悪口の「流通価値」を高めてしまうので、さらに広く伝播するのを助長するだけだ。それを噂の当人が喜ぶはずがない。

71

「あいさつ」を出し惜しみしない人

あいさつは人間同士が仲間であることを確認するために、お互いに取り交わす儀礼的なものである。相手が目上であろうと目下であろうと関係なく、「同時交換」をするのが大原則である。目下がまずあいさつをし、それに対して目上が返すというかたちになるときは、人間関係が正常に確立されていない証拠だ。

もちろん、相手が自分の存在に気づいていないときは、自分のあいさつに対して相手が応えるかたちになる。そのようなとき、あいさつをされた側としては、相手の存在に気づかなかったことに対して詫びるくらいの気持ちをこめて返礼をする必要がある。

あいさつはお互いの存在を認め、敬意を表わすものだ。犬猿の仲の関係にある者同士は、お互いにあいさつをすることはない。相手を仲間であるとは認めたくないので無視する。相手を憎しみの目でにらみつけることはあっても、あいさつの言葉をかけることはない。したがって、**何かの拍子に仲が悪くなったとき、関係の修復を図ろうと思ったら、まず、あいさつをするところから始める。**はじめは相手も無視するかもしれないが、根気よく繰り返せば、そのうちに相手も反応するようになるものだ。**きちんとあいさつをするのは、人に受け入れてもらうための最低の条件である。**だからこそ、親は誰でも自分の小さな子供に対して、人に会ったときは「きちんとごあいさつをしなさい」という。人の世を生きていくため、皆からかわいがられていくためにと、一所懸命に自分の子供に教えているのである。

しかし大きくなるにつれて、あいさつの重要性を徐々に忘れていくものだ。あいさつを儀礼的なものであると思っていると、例えば仕事が忙しいときは仕事を優先し、あいさつは省略してもよいなどと考えてしまうのだ。こういう人は、儀礼的なものは人間関係にとって極めて重要なポイントを「かたち」にしたものだ、ということを忘れている。誰にでもわかる共通のかたちを利用すれば、ある程度は自動的に心と心が通じ合う仕組みになっているのだ。

そのようなシステムを利用しないのは、人生を上手に楽しく生きることを諦めたに等しい。人から好意を持って見られたり、目をかけてもらったりする第一歩を踏み出していないことである。「おはよう」とか「こんにちは」、それに「さようなら」などの言葉を、出し惜しみをしないで明るく皆に振りまいてみて損をすることはない。

72

「ありがとう」を口でも心でもいえる人

人に何か自分にプラスになることをしてもらったら、感謝の意を表明する。それは当然のことであるが、必ずしも皆が常にそうしているとは限らない。ときどき自分の言動を詳細にチェックしてみるとよい。

例えば自分が客として金を払ったときは、「ありがとうございました」といわれるが、それに対して、ただ単にうなずいているだけではないか。

また、例えば、タクシーであれ電車であれ、何かの交通手段によって自分が行きたいところへ連れていってもらったときは、それに対して感謝の意を表明すべきだ。タクシーの場合は運転手に対してお礼をいうことができるが、地下鉄や電車の場合は改札口も無人なので感謝をする相手がいない。しかし、**改札口を通るときに、心の中で「ありがとう」といってみるのだ。そうすると、自分自身の心まで豊かになってくる。**

ありがとうということで、自分独りで突っ張って生きているのではなく、この世の人や物のお陰を被っていることを再確認できる。そうなれば、大都会の真ん中の喧騒の場においても、孤独感から解放されたような気分になる。万物に感謝する姿勢を保っている人は、常に心が平和で落ち着きはらっている理由が、そこにある。

自分に当然してもらう権利があり、相手に当然しなくてはならない義務があるときは、つい感謝の意を表明するのを忘れがちである。しかし、権利があっても享受できない場合があり、義務があっても履行しない場合がある。そのように考えると、人が何かをしてくれたら、常にありがとうという言葉が出てくるようになる。

いつもきちんと人の目を見て「ありがとうございました」という人は、そのイメージがはっきりと相手の脳裏に残っている。だから、感謝の言葉は、はっきりと口に出していう必要がある。「どうも」という言葉はいろいろな場面に使われるだけに、曖昧なニュアンスがつきまとう。やはり、はっきりと「ありがとう」というべきだ。

表現をはしょるのは気持ちが中途半端な証拠である。感謝の表明がなかったり中途半端な感謝の仕方であったりする場合は、せっかく何かをしてあげたつもりでも、相手は喜んでいないのではないか、と疑ってしまう。誰しも人が喜ばないことを無理してしようとする気にはなれない。

相手のしてくれたことに対して、拒否する気持ちではなく歓迎する気持ちがあるときは、声に出して「ありがとう」といってみる。ありがとうの言葉が幸せへのパスワードになることを信じて。

73

年賀状を大切にする人

普段はつきあいのない友人や知人、それに親戚の人たちから年賀状がくると、元気でいることを確認してほっとする。短い文言の中に、また行間に、その人の日常生活を想像し、一瞬懐かしい思いに浸る。ともすると途絶えそうになるつながりが、年一回の年賀状によって、辛うじて保たれている人もいる。このような人たちとは、年賀状というシステムがなかったら、とっくの昔に縁が切れているはずだ。

仕事で知り合った人とも、年賀状によってだけであれ、一年に一回の交流が続けられるということは、非常に喜ばしいことだ。ビジネスは金の世界であるから、仕事上のつきあいがなくなれば、金の切れ目が縁の切れ目とばかりに没交渉になっても仕方がない。それにもかかわらず年賀状のやりとりがあるところに、潤いを感じるのである。

人間関係という観点からは、年賀状の効用はかなりのもので、大いに利用すべきであると思われる。しかし、年賀状を虚礼として排する人たちもいる。特に、いつも顔を合わせている者同士の場合は、まったく意味がない、と彼らはいう。確かに、新しい年になってすぐに会い、おめでとうのあいさつをするので、あいさつが重複することになる。

しかし、年が改まったのであるから、その気持ちを改めて文字にして伝えることによって一層の好誼を願えば、それなりの効果はある。形式だけで実質が伴わないと、確かに虚礼であるが、それに心をこめれば、人が虚礼と見るものも、心を伝える媒体となる。**世の中に確立されている儀礼のシステムを上手に利用する知恵が必要だ。**

熱愛する恋人同士は頻繁にデートをしていても、その合い間にラブレターを書く。面と向かっていないときに、相手のことを思いながら自分の思いを綴るのである。ある程度は客観的な目で見ながら恋する気持ちを述べる。そうすることで、恋愛関係をさらに緊密なものにしていく効果がある。

年賀状の場合も同じだ。例えば同じ自分の部下であっても、年賀状をくれる人と、くれない人がいたとする。もしその二人がほとんど同じ能力と好感度の持ち主であったとすると、年賀状をくれたほうの人をひいき目に見るはずだ。より密接な人間関係を持とうとしている気持ちが感じられるからである。

それに、形式ばった年賀状にちょっと打ち解けた内容が書いてあったら、さらに人間味を感じる。さらっと本音の部分を書くことで親しみやすさを見せるのも効果的だ。

74

「電話の向こう」を想像できる人

コミュニケーションの手段が多様になっている。会って話をするのが最も有効であるが、時間や場所の制約があるので、代替手段を使わざるをえない。手紙やファクス、それにメールと、それぞれに利点があるが、やはり瞬間的にやりとりできる電話が、最も便利がよい。

電話はこちらの一方的な都合で相手の時間を取り上げてしまうものなので、細心の注意を払って慎重にかけなくてはならない。自分が知っている限りの情報を頭に入れたうえで、相手の手が空いているであろう時間帯を考えて、恐る恐る電話をする。相手が電話口に出た場合でも、まず「今、お話ししていいですか」と相手の都合を聞く。一方的にしゃべり始めたのでは、悪い印象を与えてしまう点には疑いがない。

もちろん、緊急を要する場合は別だ。しかし、その緊急も相手にとってではなく自分にとっての緊急事であるときは、よくよくの配慮をした話し方をしなくてはならない。**特に自分が怠けていたために時間がぎりぎりになったようなときは、自分のせいで相手に迷惑をかけることになるので、礼を尽くした接し方をする必要がある。**

私はある特定のグループの人たちに対しては、用があるときはまず、ファクスで連絡してくれるように依頼している。そのうえで、私のほうから私の都合のよいときに電話をかけるという段取りにしている。仕事中を邪魔されないためである。仕事部屋にファクスの装置が置いてあるので、メッセージが入ってきたら、すぐわかる。私の場合、メールは一日に数回と、チェックする頻度が低い習慣になっているので、ファクスのほうが私の目に早く触れるからだ。

したがって、私の都合に従ってとはいっても、二十分も三十分も待たせることはない。大体は折り返し電話をしている。それでも、不意に電話を受け、直ちに話さなくてはならない事態を防ぐことができるので、私は仕事を自分のペースで進めることが可能になる。そのグループのメンバーのほとんどは、依頼の趣旨をよく理解してくれ、忠実に守ってくれている。

しかし中には、ときどき電話をしてくる者もいる。ルールを破ったことを謝りはするものの、自分の都合で急いでいるのと、一回ぐらいはルールを破ってもいいだろうという気持ちが見える。ファクスをしても私がいなかったら、いつまで待ってよいかわからないからなどと、自分勝手な理由もあるようだ。ルールはルールで、一回でも破ったら「無法者」である。その人に対して、私がよい感情を持てるはずがない。

75

どんな仕事も付加価値をつけて仕上げる人

秀吉が信長の草履《ぞうり》取りをしていたころ、寒いときは草履を懐に入れて温めておいてから出したという話がある。そのために秀吉が引き立てられるようになったというのだ。草履取りというのは主人の草履を持って供をするのが役目であるが、それ以上に主人が草履をはいたときの快適さまでを考えたところが信長の目を引いたのである。

このように、どのような仕事をする場合でも、与えられた仕事をただ単にこなしていくだけではなく、何か自分なりの工夫を加えてみる。その仕事の目的を考え、成果がよりよいものになるようにと、知恵を働かせるのだ。いわば、自分独自の「付加価値」を生み出す心がけを持ち続けることが重要である。

例えば、得意先の人を招待する夕食のためにレストランの席を予約してくれ、と上司から指示されたようなときだ。ただ時間と人数をいって席を予約すれば、それで役目は果たしたことになる。しかし、見晴らしのよい席にしてくれとか、奥まった静かな席にしてくれとか、その集まりにふさわしい席にするよう努力してみるのだ。**そのちょっとした付加価値が、場合によっては料理を食べるという本来の価値を超える結**

果になるときもある。

何のために食事に招待するのか、招かれる側はどのような雰囲気の席であれば喜ぶだろうか、などと考えていって、最大の効果が発揮できるような手配の仕方をする。どのように末梢的な仕事であっても、誰かがしなくてはならないという意味では、重要な仕事である点に変わりない。

誰が見ても重要度が高いと思われる仕事には、皆一所懸命に取り組む。内容を最良のものにしようと、知識を駆使し、知恵を絞って努力をする。ところが、一見したところ誰もが簡単にできるような仕事は、つまらない仕事だと考えて、投げやりとはいわないまでも、適当に扱う姿勢になりがちである。

したがって、末梢的な仕事の場合は、ちょっと付加価値をつけただけでも非常に目立つ結果になる。ほかの人との差がはっきりとするからだ。付加価値を享受した側は、それをまったく期待していなかったので、ちょっとした驚きを感じる。付加価値が燦《さん》然《ぜん》と輝き、人に与える印象も強烈になる。

つまらないと思う仕事は簡単な仕事である場合が多い。したがって、余裕がある分、余分のエネルギーを使って、できる限りの工夫を凝らし、知恵を働かせてみるのだ。そこに目をつけてくれない人は、暗愚な人である。

76

別れた相手を悪くいわない人

　テレビのニュースキャスターをしていた、ある才色兼備の女性である。明るく元気に活躍して、世の脚光を浴びていた。社会的に重要度の高い職業の男性と結婚することになったというニュースが流れ、それもまた世の注目を引いた。たまたま相手の男性は、私も個人的に知っている人であった。

　彼が働いている事務所は、私の仕事場と同じビルの同じ階にあった。そこで、結婚のニュースが流れてから一週間ぐらいは、事務所のある階のエレベーターホールに、いつも十数人の報道関係者がカメラを持って待ち構えていた。エレベーターのドアが開くたびに、皆がカメラを構える気配を見せるので、煩わしい思いをしたものだ。

　その後、結婚式が盛大に行なわれ、テレビのニュースなどでも報道された。夫のほうも一時的にミニ有名人になったかのように取材される機会が多くなった。子供ももうけて順調な結婚生活に見えていたが、やがて離婚のニュースが流れる事態になった。

　離婚した後に、その女性がいった言葉がよくない。「あれほど中身のない人とは知らなかった」と公にいったのである。つまらない男で自分にはふさわしくない、という意味のことをいって、夫であった人をけなしていた。私の知っている彼は、きちんと仕事をしている有能な人だ。無理やり欠点を探せば、少し覇気に欠ける人であるということはできる。

しかし、自分がマスコミの世界にいる立場を利用して、彼を一方的に非難するのは間違っている。もし本当に「中身のない男」であったとしたら、それを見抜けなかった自分の恥になるのではないか。相手をけなすことで、自分の格まで下げている。私には、彼女はえらそうに振る舞う鼻持ちならない女性という印象しか残っていない。

同じキャスターをしていた女性で、やはり結婚に失敗した人がいる。ちょっと胡《う》散《さん》くさい男性が相手であったので、離婚のニュースもまったく不思議ではなかった。だが、離婚に対する彼女の説明は、「自分の努力が足りなかった」というものだった。評判が芳しくない相手であったにもかかわらず、相手を悪くいう言葉は一言もない。**心から愛した人であったといったうえで、離婚に至った全責任は自分にあるようないい方をしていた。**

彼女には、実にかわいい人であるという印象を持った。最近は中年の域に入ってきた彼女であるが、テレビなどで見ても、依然として「かわいい人」という感じである。自分の至らなさに焦点を当てることができる人には、かわいらしさがつきまとう。

77

「でも」「しかし」を使わない人

小さい子供のころ、「口ごたえをしてはいけない」と教わったものだ。大人は知識も経験も豊富なので、いうことには間違いがない、というのが前提になっている。子供が自分の欲に従って自分勝手な判断をしても間違うので、大人のいうとおりにしたほうがよい、というのである。

大人のいうことを聞いていれば、「よい子」としてかわいがってもらえる。しかし、生意気な口をきいて大人に逆らえば、大人の庇護《ひご》は受けられないかもしれない、という現実の厳しさを、こうして学んでいくのだ。

同じように、人生のあらゆる場面で、反対をする人は敵視されて排斥され、賛成をする人は味方であるとして扱われて気に入られる。したがって、波風を立てないで生きていこうと思ったら、反対しないのがいちばんだ。

しかし、重要な場面で筋の通らないことをいわれたら、反対を表明せざるをえない。特にビジネスの場では、賛否の議論を戦わせることによって、正しい道を見極めて進んでいくのが原則である。そこで、相手が上司であっても、時に反対意見を述べる必要が生じる。すなわち、口ごたえもしなくてはならないのである。

その反面、日常の会話の中では、どちらにしても結果に大差はないようなことを話し合うことも多い。例えば、どこで昼食をとろうかといった類いの問題である。**上司が和食の店に行きたいといったときは、「いいですね」といって従えばよい。**「そうですね、でも」などといってイタリア料理店に行くことを提案するのは、かわいくないというべきであろう。

一般的に反対意見を述べるときのテクニックとして、いったん相手のいうことを肯定的に受けておいてから、「しかし」といって反対する方式がよいとされている。婉曲な手法ではあるが、それだけに慇懃無礼になるきらいがある。常に利用していると、嫌味に感じる人もいるので注意を要する。場合によっては、ビジネスライクに真っ向から反対していくほうが、好感を持って迎えられるはずである。

「でも」とか「しかし」という言葉は、いったん賛成すると見せかけておいて、突如として反対するというニュアンスがある。安心させておいてから、裏切るにも等しい意見をいうときの前置きのようなものだ。常にそのようないい方をする者には、全幅の信頼を寄せる気にはならない。徐々に敬遠されるようになる運命かもしれない。

78

「不意討ち」で喜ばせる人

本人には知らせないで密かに計画して、本人のためのパーティーを開いたり、本人にプレゼントを贈ったりするのは、本人をびっくりさせて二倍喜んでもらおうとするものだ。本人としては、まったく期待していなかったことが突如として起こるので、一瞬とまどう。そのとまどいが喜びに変わっていくところを見ることによって、計画した側は企て始めたときからの楽しい気持ちが頂点に達し、すべての努力が報われた思いがする。

不意討ちのお祝いパーティーを企画して実行する人たちも、準備する期間、ずっと楽しんでいる。秘密裡《り》にしなくてはならないので、スリルがある。悪いことをこっそりするのは、見つかったときの恐れが気持ちの底にあるので、精神的にマイナスの圧力になる。しかし、楽しいことを隠れて準備する場合は、見つかってはいけないという圧力が、結果を楽しくしようとするプラス志向のものであるから、「励み」になっている。

そこで、**毎日がマンネリ気味になっていると思ったときは、不意討ちパーティーの**

ように、何か人をびっくりさせて喜ばせる計画を練ってみるとよい。家族でもよいし、職場の上司、同僚、部下など親しい人であれば、誰でもよい。その人について何か記念になる日や事柄を探り出してから、仲間を募って共同作業を開始するのだ。

テーマは些細なことでよい。もちろん、些細なことを大げさに祝ったりしたのでは行き過ぎである。テーマにふさわしく、ちょっと誇張した程度の「イベント」にする必要がある。例えば、上司の自宅の近くに新駅ができて通勤が楽になったとしたら、それを記念して不意討ちランチを企画してみる。それに、かたちばかりのプレゼントを添えてもよい。

あらゆる生活の場面でスケジュールに従って動いているのが現代人の常である。特にビジネスの場では、時間やルールなどにがんじがらめに縛られている。スケジュールどおりに事が運ばないと困る。しかし、いつもそれでは面白みがない。そこで、ちょっとでも意外なこと、まったく期待していなかったことで歓迎すべきことが起こったら、これほどうれしいことはない。

びっくりさせられた人としては、計画実行してくれた人の茶目っ気と気配りに、いとおしさを感じる。ここまで自分のことを考えていてくれたのかという、ちょっとした感動である。お互いの気持ちが交流し、絆がさらに強くなっていく。

79

次にまたごちそうしたくなる人

ある会合に出席し、その後皆でお茶でも飲もうということになった。会合が催された同じホテル内にあるコーヒーショップに行き、七、八人であったので全員同じテーブルを囲むことができた。お茶といっても、酒の好きな人は「とりあえずビール」を注文する。

小さな子供二人を育てるのに忙しい女性が、ビールをおいしそうに飲む。非常に嬉々とした様子であったので、そういうと、「家ではときどき発泡酒を飲む程度なので、やはり本物の生ビールはおいしいですね」といって目を輝かせるのだ。その率直な喜びの表現とくったくのなさは、子供のようでほほえましい。ほかの人たちも、同じような目で彼女を見ていた。

目の前にある飲み物をフルに楽しみ、そのうれしさを言葉と態度でそのまま表現しているので、見ていてもさわやかな感じにさせられるのである。**しかも、普段飲んでいるものよりも格段においしいというのであるから、表現の信憑性《しんぴょう》も一段と高まる。**

その勘定を持つといっている者にとっては、それほどまでに喜んでもらえるのかと、非常に報われた気持ちになる。たとえ割り勘にする場合でも、座を楽しくしてくれる言動は、皆に好感を持って迎えられるはずだ。

目の前にある食べ物や飲み物よりも、明らかにグレードが上であるものの話をしたりすれば、「今現在」の楽しみも半減する。ビールを飲んでいる席で、最初から最後までシャンペンが振る舞われたパーティーに出席して楽しかった話をされたのでは、現在がみすぼらしく感じられる。その人を誘って悪かったのだろうか、少しはしゃれた飲み物を注文しなくてはいけなかったのだろうかなどと考え、気分は多少重くなる。

逆に、こちらが食事をごちそうする場合、中クラスとはいえリインをボトルで注文したとき、「家では安物のテーブルワインしか飲んでいないんです」などといって、相手がおいしいと感激してくれれば、気分は悪くない。たとえ本当は相手の口に合わないものであったとしても、また、家でも同じクラスのワインを飲んでいるとしても、少なくとも相手の感謝の気持ちは伝わってくる。

目の前にあるものをほめたいと思ったら、それよりも劣ったものの話をして、比較することによって格上げを図るのも効果的だ。もちろん、あまり意図的ないい方では、逆に座も白けてしまう。自分の経験を引き合いに出していえば、人も自然に受け入れることができる。

80 お互いの「努力」を買える人

三井、三菱、住友、安田などの旧財閥の系統に属する企業、ないしは同一資本系列に位置する企業では、社員が必要とする製品を買うときは、その同じ系統または系列の会社の製品でなくてはならないという不文律のようなものが存在していた時代がある。もちろん、現在でもそのような傾向はある程度残っている。

家電メーカーに勤めている人の場合などは、自社の製品を使用するのは当然であると考えられていた。競争相手のメーカーの製品を使っていて、それが同じ会社の人の知るところとなったら、白い目で見られたり、非難されたりしても仕方がなかった。第三者の観点からも、他社の製品を利用している人を見たら、その人の会社の製品にはどこか欠けたところがある、と考えざるをえない。

少なくとも社員割引のシステムもあるはずであり、自社製品を使うことに関しては、それなりの理由と、ある程度の合理性がある。ただし、一時期ボーナスの一部を自社製品を与えることで賄《まかな》う企業があったが、これは完全な押しつけであり、まったく芸のない手法といわざるをえない。社員から買う買わないの選択肢まで奪い、家計を圧迫するものであり、悪評であったのは当然だ。

さて、自社製品の使用について原点に返って考えてみると、それは愛社精神の表われであるといえる。皆で力を合わせてつくっている製品である。たとえ自分は経理部門にいて、製造や販売とは直接に関係がなくても、出来上がった製品の中の幾分かには、自分の努力がこめられている。それにもかかわらず、その製品に愛着を感じないのは、人間らしさを失っているからではないか。同じ会社にいる仲間の努力に対して、あまりにも冷淡ではないか。

そのような視点から見ても、**自社製品を誇らしげに利用している人には人情味を感じる。人間としての温かさがあるので、人柄に引きつけられる思いがする。**そういう人は、市場で自社の製品が二流であるとの評価を受けていたとしても、自分たちでつくっているという自信に支えられた満足感があるので、落ち着いている。

スーパーマーケットでアルバイトをしている若い人が早番で帰るとき、その店の惣菜を、母親のつくる夕食のおかずの足しにといって買って帰ったとする。惣菜部門の人だけでなく、その話を聞いた全員が、その「かわいらしい行為」に好感を抱くはずである。即座に皆の人気者となり、いろいろと世話を焼いてもらえるようになるはずだ。皆の努力を「買った」のが、皆が喜んだ理由である。

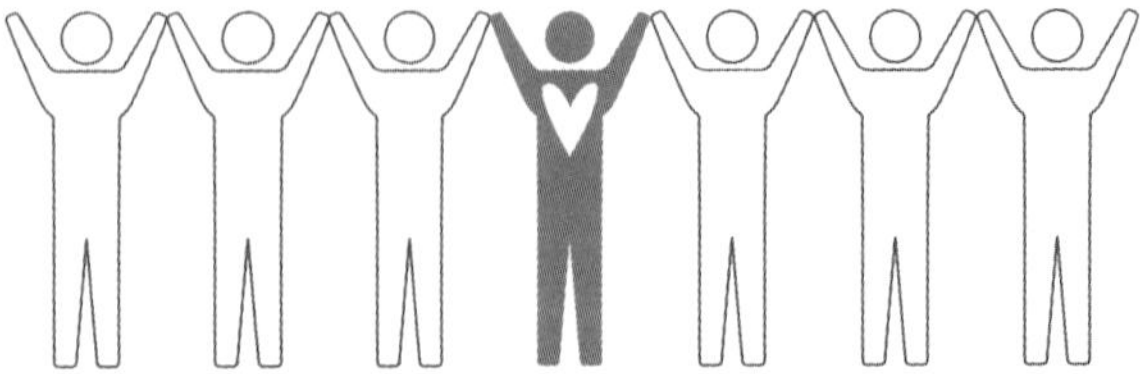

5章

こんな態度を見せる人

——かわいがられる人になる20項

81

「誰かが」ではなく「自分が」動く人

四、五人以上で一緒に行動するときは、一団とはいっても、二、三人ずつのサブグループに分かれる結果になることが多い。特に場所を移動したりするときは、街路であれ、ビルの中のロビーや廊下であれ、親しい仲間同士がそれぞれに話をするのに忙しい。例えば十人以上のグループであれば、先頭集団と最後尾の集団とは、開きが徐々に大きくなっていくのが普通だ。

行き先がはっきり分かっていようがいまいが、先頭の人としては、皆がちゃんとついてきているかどうかが心配になる。ときどき後ろを振り返ってみるが、皆話をするのに夢中になっているので歩みは遅い。先頭の人に対する気配りがまったくなくて、自分勝手な行動になっている。

団体として行動するときは、皆に迷惑をかけないようにと、特別に「秩序正しく」を心がける必要がある。人と一緒のときは、誰かが自分の面倒を見てくれるだろうという考え方はよくない。逆に、皆の面倒を見ようとする姿勢が求められる。もちろん、リーダーの役目をしているのでなければ、差し出がましく引率するようなことはしないほうがよいが、団体行動に協力しようとする姿勢が大切だ。

そのような心がけがあるかないかによって、いつも人に迷惑をかけるだけで疎まれるか、協力的な振る舞いをして人に好かれるかが決まってくる。**それは皆でエレベーターに乗るときに典型的なかたちで現われる。**エレベーターがなかなかこないと思ったら、誰もボタンを押していなかったという経験は、誰にもあるはずだ。「誰か」がしてくれると思っていると、「誰も」しない結果になる危険性がある。大勢で一緒のときは、特に注意しなくてはならない点だ。

乗り降りのときにドアが閉まらないようにドアを押さえていたり「開」のボタンを押し続けていたりする人は、大体いつも同じ人である。常に人のこと、皆のことを考える習慣がついている人だ。自分勝手な性格の人は、しゃべるのに忙しく、人のことに構っているひまはない。ドアを開けていてくれた人に対して、ありがとうと感謝の意を表明する余裕もない。

臨時のエレベーター係になることのできる人は、誇張していえば「滅私奉公」の精神を有している人である。皆に便利に思われて軽く扱われるきらいはなきにしもあらずだが、皆の人気者になることは間違いない。人に奉仕すれば喜ばれ、かわいがられることになる。その出発点は、「誰かが」ではなく「自分が」と考えるところにある。

82

清潔で「らしい」身なりをしている人

人と人とが接するときの第一条件は清潔であることだ。汚らしい人がいたら、誰でも避けようとする。頭がよいかどうかは近寄って話をしてみなくてはわからないが、清潔にしているかどうかは離れていても判断できる。第一印象は、身なりの清潔さによって決まるといってよい。

人間は中身が重要だというが、そのうえに外見がよいに越したことはない。それに、きちんとした身なりをするというのは、会う人に対する敬意を表現することであり、欠くべからざるマナーである。

「きちんと」という言葉には、さまざまな要素が含まれている。まず清潔であることであり、次に身なりの全体に調和がとれていることだ。いくら清潔な衣服をまとっていても、色やかたちや素材、それにデザインなどがちぐはぐであったら落ち着かない。そういう人は性格的にもまとまりがないのではないか、と疑いたくなる。また、時と所と場合にふさわしい身なりということも忘れてはならない。真面目に振る舞わなくてはならない厳粛な場に、けばけばしい身なりは似合わない。

さらに、自分自身に抵抗がない身なりでなくてはならない。例えば、着慣れない借り物を着ているような気分であったら落ち着かないはずである。その気分は相手にも伝わるので、その場に違和感が漂う結果になる。

以上のようなさまざまな要素を考慮したうえで、「すっきりと」まとまった身なりをすれば、皆に好感を持って迎えられる。**特にビジネスの世界では、男女ともに「清楚」がキーワードだ。**飾りに類するものは、よい意味の「ビジネスライク」に抵触するので場違いである。

ビジネス社会に女性が進出し始めたころ、女性は男性の真似をして、男性と同じようなスーツを着たりする傾向が見られた。しかし、男性の目から見ると、女性は女性らしくしてほしいと思ったものである。最近はその反動かもしれないが、同じスーツでも、派手な原色を着る傾向も散見される。

こういう人は、ことさらに女性を強調しているように思うのは、私だけだろうか。男性への対抗意識が強すぎるようだが、男女平等への過渡期の現象としては当然であるかもしれない。そうはいっても、女は女らしく、男は男らしくという「らしさ」の原則から考えれば、女性の身なりには控え目なかわいらしさの演出を望みたい。もちろん、男性の身勝手な偏見的要望かもしれないが。

83

この「準備」ができる人

約束の時間きっかりに相手の事務所を訪ね、受付の女性に自分の氏名をいって、約束の相手に案内を乞う。すると、受付の女性は「少々お待ちください」といって、当の相手に電話をして訪問客があることを伝える。それに対して相手は会議室が空いているかどうかを聞いている気配だ。

わざわざ訪ねていった者としては、歓迎されているという感じを受けない。訪ねていく時間がわかっているのであるから、あらかじめ受付にいっておけば、すぐに会議室に案内できたはずだ。「お待ちください」といって客を待たせてから客をどこへ案内するかを決めるのではなく、「お待ちしていました」といって受付が待っていた風情を示したほうが、客の気分ははるかによい。

運よく会議室の一つが空いていて案内されても、そこでまた待たされる。客は所在ないままに出されたお茶をゆっくりと時間をかけて飲むが、それを飲みほしても相手はまだ現われない。しばらくしてやっと「お待たせしました」と現われるが、そもそも時間どおりに訪ねてきた客を待たせてはいけないのだ。

そこで相手の身なりを見ると、ワイシャツ姿にネクタイも緩めた状態で曲がったままである。手にはボールペンのインクらしきものがついていて、薄汚れた感じである。仕事をしている格好のまま、途中で抜け出してきたという姿である。わざわざ訪ねてきた客に対して、礼を失する身なりといわざるをえない。

来客に対しては、かたちを改める心構えが必要だ。自分が相手を訪ねていくときと同じようにする。すなわち、もともと、スーツの下に着る「下着」だったワイシャツだけでなく、きちんと上着を着る。そして、ネクタイもきちんと結んで、歪みがないかをチェックする。手はきちんと洗い、髪の毛も乱れがないように整える。

もちろん、靴は汚れのない状態にしておく。よく会社の中では靴を脱いで、スリッパにはき替えて歩き回っている人がいる。いくら社内とはいえ、自宅の中とは異なり多くの人たちが出入りするので、スリッパ姿自体、問題である。だらしない雰囲気になることは間違いない。もちろん、来客の前にスリッパで出るのは言語道断だ。

いずれにしても中途半端な応接の仕方をされると、客はできるだけ出向きたくなくなる。逆に、**律義にきちんと迎えてもらえると、歓迎されているという印象を持つ。**そういう人たちとの人間関係は、一層大切にして深めていこうする気になる。人は温かみのある人のところに引き寄せられていくのだ。

84

「香り」に慎重な人

ビジネスの場では、香水やオーデコロンのにおいをぷんぷんとさせている人は嫌がられる。においには「侵略性」がある。振りまかれたにおいが残っていると、その空間は自分のテリトリーである、と宣言されているような気がする。本人は気づいていないかもしれないが、その厚かましさが人々の気に障るのだ。

それに、味覚であれ嗅覚であれ、好みは人によって千差万別である。自分が好きでよいにおいであると思っても、ほかの人にとっては嫌なにおいであるかもしれない。特定のにおいに対して、思い出したくない嫌な人や経験を連想する人もいる。

たとえ好きでないにおいでも、淡いものであったら、さっと消えてなくなるので、それほど気にはならない。しかし、強い香水は刺激的であり、挑発的ないしは挑戦的な色合いがある。公正と公平を期すべきビジネスの場にはふさわしくない、異質なものだ。

つまり、**強い香水やオーデコロンは、自分にとってマイナス要因となる危険性が高い。**挑戦されると積極的な人は反発し、消極的な人は退くのが常だ。すなわち、どちらにしても、静かにやさしく受け入れられることはない。したがって、皆にかわいがられる結果になることはない、と覚悟しておいたほうがよいであろう。

ところで、口臭については日々十分に注意してクリーンを心がけるべきだ。最も強烈なのはガーリックのにおいである。ガーリックを使った料理にはおいしいものが多い。それに、身体にとって非常によいといわれている。

私は十代の後半の一時期、肺結核で自宅療養をしていた。毎日近所の医者に通い、ストレプトマイシンの注射を打ってもらい、パスをもらって帰って内服していた。そのころ、体力増強策として、母はいろいろな食べ物にガーリックを入れてくれた。毎日の味噌汁にもふんだんに使われていたので、よそでガーリックの入っていない味噌汁を飲むと、まったく味のない汁のように感じたほどである。

このように、ガーリックは習慣になる傾向があるので注意を要する。自分はくさいと思わなくても、面と向かって話す相手にとっては耐え難い悪臭である。

初めて会ったときに強烈なガーリックのにおいを発散させていた人は、その不快な記憶がずっとつきまとって、なかなか消えないものだ。自分勝手な人というイメージを払拭するまでには、かなりの時間がかかる。ガーリックを使った料理は、人に会うことのない休みの前日に限ったほうが安全だ。

85

宗教の話に熱くならない人

日本人は宗教に対する関心が薄いといわれている。神社仏閣に詣でて手を合わせるが、ほとんどの人は自分勝手な願い事をするだけだといってよい。年をとると信心深くなる人もいるが、それも少数派である。それだけに、宗教が社会の中に占める重要性は、あまり高くない。

どのような宗教であれ、熱心な信者にとっては、その人の信じる宗教の生活に占める位置は非常に高い。したがって、自分に宗教心がないからといって宗教一般、ないしは特定の宗教を軽視するような言動をするのは極めて危険だ。

ただし、相手がどんな宗教を信じているかは知らないのが通常である。そこで、人の前で宗教の話をするときは、特別慎重にする必要がある。話している相手が、今、話題にしている宗教の熱心な信者であるかもしれない。その人にとっては、その宗教は国と同じように、いや、それ以上に大切なものだ。強い帰属意識があるからである。

その宗教を攻撃すれば、その人を個人的に攻撃するのとまったく同じことになる。そして、その人に憎まれる結果になる。**人間関係を円滑にするには、宗教の話は一般**

論のみに留めて、軽く流しておいたほうがよい。文字どおり「触らぬ神にたたりなし」である。**突っ込まれた質問をされたとしても、よくわからないといって逃げるのが賢明だ。**

熱心な信者の場合も同じで、関心も示していない人に向かって教えを説くのは、疎まれるだけの結果になる。どんなに立派な教義であっても、あまり熱を入れて話しすぎると「押し売り」に等しくなる。せっかく内容がよいものであっても、押し売りをしたのでは買うまいと防御する姿勢にさせてしまうので、まったく聞いてもらえないことになり、逆効果である。

観光旅行などで神社や仏閣、それに教会を訪ねるときは、その宗教の方式に従って拝む。自分は信じていないからといって、単に観光の対象として見るのは、いかにも「かわいげ」がない。

信じている人が大勢いるから、そのように立派な建造物があるのだ。その人たちの気持ちを思って、共感を試みてみる。すると、小さな感動のさざなみが立ってくる。人間には根本に共通の思いがあることを悟るかもしれない。すると、現在自分が元気でいることに対しても感謝の念が湧いてくる。心を平らかにして素直な気持ちになれば、気も楽になる。

86

相手の「肩書き」に敬意を表する人

肩書きとは、地位や身分を表わすものである。したがって、知らない人でも肩書きを聞けば、大体どんなことをしている人かの見当ぐらいはつく。ただし、これだけでは人間として大切な人となりや信頼性については、まったくわからない。

大臣であれ政府高官であれ、また大企業の役員であっても、その肩書きだけでは、人間として立派な人かどうかの判断はできないのである。人品骨柄いやしくない人であるかもしれないし、邪悪の心が勝っている人であるかもしれない。そこで、人を見るときは肩書きに騙されてはいけないといわれる。

しかし、肩書きを無視するのは行き過ぎである。**肩書きにはそれなりの重みがあるので、それにふさわしい敬意を表する必要がある。**相手が大会社の役員であっても、自分の会社とはまったく関係がないからといって、単なる平社員と同じように扱おうとする人がいる。それは極めて礼を失する姿勢である。

その人が肩書きを手に入れるまでには、それなりの努力の積み重ねがあったはずだ。そのようなことをまったく考慮に入れないで馬鹿にしたような態度をとるのは、社会の秩序を無視している。相手を自分と同じように低い地位に引きずり下ろすにも等しい、生意気な行為というほかない。これは心理的に、自分の実力に自信がないというコンプレックスの裏返しかもしれない。

確固たる根拠もなく世をすねてみせても、人に嫌がられるだけである。たとえ相手の人柄を熟知していて尊敬するに値しないことがわかっていたとしても、肩書きには敬意を表してみる。すなわち、相手が背負っている肩書きの部分に焦点を合わせて相対してみれば、自然に礼を尽くす姿勢になるはずだ。

大会社の役職にある人が、任期切れ、ないしは退職が間近に迫っているとき、その肩書きのあるうちに娘の結婚式をすませようとする場合がある。肩書きに社会的な価値を認めているからであり、子供を思う親の心情としては、その点をできるだけ有効に活用しようと思っているからだ。それを馬鹿らしいといって一言の下に切り捨てるのは、人情を解していない。

人が大切にしているものに対しては、その人の気持ちになって考えてみれば、無下な扱いはできない。そのような考え方をしていくと、すべての人に対してやさしく対応できるようになっていく。心やさしい人は、人にかわいがられる人である。

87

こんな負けず嫌いの人

ゴルフの上手な人がいる。大学生時代にゴルフ部に属し、現在でも月に最低五、六回はプレーしているので、当然のことながら、友人同士であれ仕事上であれ、一緒にプレーする人たちとは段違いの腕前だ。いつも「お山の大将おれ一人」という結果になっている。

その人はゴルフに友人や知人を誘うとき、いつも自分より年齢が下で、ほかにもあまり能力のない人を集めている気配がある。うだつが上がらない人ばかりとまではいわないが、少なくとも才気煥発《かんぱつ》な人は避けているようである。たまたまゴルフでは他を大きく引き離して先頭に位置しているので、その地位をすべての面で保ちたいという気持ちが見え見えである。ずっとお山の大将になっていたいのである。

ゴルフ場ではゴルフの話しかしない。話題がほかに移っていくと、話の中に出てきたことをけなすようないい方をして、その話題を立ち消えにしてしまう。考え方が異なったり分野が別であったりする人が集まっているため、新しい情報を手に入れる絶好の機会であるにもかかわらず、それを逃している。自分が上にいたい一心だからである。

彼は自分が下になるような情況に置かれることを極度に恐れている。それは自分の限界を強調している結果になっているのであるが、それに本人はまったく気づいていない。見ていて、かわいそうでわびしい気持ちになってくる。

負けず嫌いにも二通りある。自分より優れた人を遠ざけることによって、自分が負ける危険性を回避しようとする人と、チャレンジ精神を発揮し、最大限の努力をすることによって人に負けまいとする人である。

前者は狭い世界に閉じこもり続けるので、先細りになっていく。ほかの人の目から見れば、能のない鷹が爪を見せて強がっているという図でしかない。

後者の負けず嫌いは、自分の世界を広げていく人である。強引に人を押しのけようとすれば、人を辟易させ、反感を買う恐れがある。しかし、人に教えを乞い、それに従って努力して自分を高めていくという姿勢に徹すれば、皆が協力してくれるようになる。そのような「動」よりも「静」に近い負けず嫌いの精神に対しては、誰も抵抗を感じることはない。

嫌がられて進歩が止まるか、かわいがられて向上を果たすかは、人を遠ざけるか、人に寄っていくかによって決まってくる。

88

「旅先からの便り」を出す人

議員が外遊をしたときに、訪問した国からはがきや封書を有権者宛に送っていたという話を聞いたことがある。出発前にあらかじめ大量に用意していき、現地で投函だけするのだ。受け取った人たちは、忙しい中をわざわざ遠い国から便りをしてくれたと思って、喜ぶという寸法である。

この例に限らず、一般的に議員たちの常套《じょうとう》手段は陳腐でスマートさに欠けるが、自分を覚えてもらうための効果的な手段としては非常に参考になる。選挙運動のときに名前を連呼するのは、やかましいのでマイナスのイメージを植えつけることもあるが、少なくとも名前が記憶に残る。握手戦術も、手と手とのふれあいによって、人間的な温かみを伝えるのに役立っている。

話を旅先からの便りに戻すと、こうした便りは普通のご機嫌伺いのはがきよりも印象的だ。現地の絵はがきを使えば、一筆したためた背景などが如実に想像できる。旅先という「異常な」環境の中で自分のことを考えてくれたという点にも、ちょっとした感慨がある。**特に外国からの場合は、現地でポストに入れてから海を越えて届くま**

での長い道程を想像して、「特別」というイメージを与える。

便りを出す側から見れば、旅という「異常な」事態にあるだけに、逆に特別なコミュニケーションをするのも不自然ではないと考えることができる。例えば自分が大勢の生徒の中から抜け出して特別な生徒になりたいと思えば、先生に手紙を書いて自分を印象づける絶好の機会であるともいえる。

最近はそれほどでもないが、以前は国際電話の料金も高かった。そこで海外から意中の人に電話をすることによって強い印象を与え、親しい交際の端緒を開いた例も少なくなかった。海外からというのは唐突であるが、異例なだけに大きな抵抗がない、という心理も働くのである。

いずれにしても、旅先の生徒や部下から便りを受け取った先生や上司の場合、自分を特別に考えてくれたという思いがするのは間違いない。また、短い文面の中に、普段の接触ないしはつきあいの中では見えなかった考え方や個性を見出して、印象に残ることもあるかもしれない。

面と向かっていわれたことはすぐに忘れるかもしれないが、遠くから届けられた便りに書かれたことは深く心に残る可能性が高い。それだけ「特別の地位」を占める可能性も高い。特別に目をかけられる可能性も高くなっていくのである。

89

自分の「失敗談」が話せる人

社内では誰もが一目置いている人だ。いわばエリートコースに乗っていて、威勢よく次々と仕事をこなしている。本人も脂が乗っていて張り切っている。その彼が極めて初歩的なミスを犯したのである。新入社員以外には、まず起こりようがないような間違いだ。幸いにして大事に至るようなことではなかったが、ほかならぬ彼が間違ったというので皆の評判になった。

彼は気難しい人ではなく、わりあい気さくな人であったが、仕事ができすぎるだけに、それまでは皆も何となく近寄り難く思っていた。その別格だと考えていた彼が、自分でもしないようなミスを犯したというので、皆、急に親近感を覚えるようになったのである。失敗によって人間的な面が強調される結果になったのだ。

仲間の中でも、いつも失敗ばかりしている人は人気がある。何かと話題にこと欠かず、皆の笑いの種を提供してくれるからでもあるが、最大の理由は人間的であるからだ。

もちろん、仕事のうえでの重大な間違いは困る。しかしながら、日常生活の中のたわいのない失敗には愛敬がある。人はそれほど重要性がないと思っていることをするときは、多少気を抜いているものだ。また、そうした失敗をする人は、のんきな性格の人であるという印象も与える。

以上のようなことを考えると、軽率ゆえの失敗は、人に親近感を起こさせることがわかる。そこで、自分は人からの受けが悪いと思ったら、自分の失敗談をしてみるのだ。わざわざ失敗してみせるのは、あまりにも茶番すぎるので、そのような必要はない。振り返ってみれば、これまでには数々の失敗があるはずだ。

そのときどきの話題に関連して、「私もこんな失敗をしたことがある」と、ユーモラスに話してみる。自分の人間的未熟さをさらけ出すことによって、人々の共感を得る結果になる。また、自分の弱味を包み隠さず話せるという率直さに対しても、高い評価を得ることができる。

自分の失敗を隠すのは、自分の人間的な面を隠すことである。人間関係の観点から見れば、マイナスの効果しかない。心を閉ざして人に見せようとしないのであるから、人が遠ざかっていくのも当たり前である。自分の表だけではなく裏も見せることによってのみ、人の心も引きつけることができるのだ。

90

年配の女性にかわいがられる人

大物の男性にかわいがられる「ジジイキラー」は、相手の才能や大物ぶりに感心してみせるのが上手な人が多い。自分の浅学や思慮のなさを嘆いて、教えを乞おうとする姿勢に徹する。そこで「愛《う》い奴」だということになり、目をかけてもらえるのである。

しかし、年上の女性にかわいがられる「ババアごろし」のタイプは、それとはまったく異なっている。どちかというと、人に従うというよりも、自己主張をきちんとするタイプである。欲しいものは欲しいとはっきりいい、その際に回りくどいいい方をしたり、権謀術数を巡らせたりすることはない。自分の希望するところは率直に述べるのである。

人に仕えるというよりも、できることはできるだけしてあげようという姿勢を堅持している。物腰はどこまでも柔らかく、控え目に面倒を見ようとするのである。恋愛感情はまったくなくても、デートのときのように相手に気を使い、徹底的にレディーファーストで振る舞う。

話す言葉も丁寧で、聞く側に抵抗がない。いつも身ぎれいにしており、流行に左右されすぎない程度において、最新のファッションを取り入れた服装をしている。一緒にいるところを見られても恥ずかしくない、調和と清潔さを備えているのだ。

そのように最高の「アクセサリー」的な存在であるだけではなく、意見を求めれば、常識に適い、理路整然とした考えを述べる。通り一遍の話ではなく、正鵠《せいこく》を得た解答が返ってくる。いわば、頼りになるアドバイザーでありコンサルタントでもある。

それでいて、ちょっとインテリやくざ的なところもある。すなわち、まともな考え方ではあっても、よくいえば独創的、悪くいえばわがままが出た「やんちゃ」的な振る舞いをすることがある。年上の女性はその点が危なっかしく見えるので気になり、つい手を差し伸べたくなる。女性特有の「母性本能」がくすぐられるのである。

「ババアごろし」のタイプの人は、人にしてもらったことに対して率直に感謝の念を表明するので、してあげた女性側としても、さわやかな満足感を感じる。自分の子供の世話をして、その子供が喜ぶのを見て、ほっと安心する母親の気持ちと同じである。

つまり、「ババアごろし」は、清く美しく格好よく甘えるのが上手なのである。そのうえで、常に素直に振る舞っているのも、かわいがられる秘訣である。

91

小さくても「いいこと」に注目できる人

楽しいことと悲しいこととがあって、どちらを選ぶかといわれたときに、悲しいほうを選ぶ人がいたら、絶望的にひねくれた性格の人である。楽しいほうがよいに決まっている。人は誰でも身の回りに起こることに関しては、楽しいことが起こるように努力すると同時に、そのように願っているものだ。

しかし、これからどうなるか、何が起こるかを「予測」するときは、考え方が二つに分かれる。よい方向に考えていく楽観主義と、悪い方向に考えていく悲観主義である。楽しいことが起こってほしいと望んでいるのであれば、「考える」時点でも楽しいほうをとるべきである。

もちろん、いくらよい方向に考えようとしても、客観的に見てよいことが起こる確率が非常に低いときは、「現実的」な考え方をしなくてはならない。微小な確率しかないことに自分の「夢」を託すのはよいが、その夢に頼って自分のスケジュールを組んだのでは、生活に破綻をきたす確率が限りなく一〇〇パーセントに近づく。

宝くじが、このよい例だ。大当たりしたら何を買おうかと考えて夢をふくらませるのはよいが、それを当てにして、借金をして大きな買い物をしたのでは、身の破滅になるのは火を見るより明らかである。

逆に、確率が非常に低いにもかかわらず、悪いことが起こるのではないかと心配する「杞憂《きゆう》」も、同じように愚の骨頂である。つまり、ある程度「現実的」な考え方をしたうえであれば、悲観的よりも楽観的な考え方をするというバランス感覚が必要だ。

過去や現在に起こったことについて考える場合、悲観主義的な考え方にはマイナスの効果しかない。過去や現在を客観的に分析することは必要だが、悪いことであったと悔やんでも、取り返しはつかない。くよくよと思い悩むばかりでは、何らのよいこともない。その中のどこかによい点を見つけ、そこに焦点を当てて、自分にとってプラスであったと考えるのだ。**どんな悪いことでも、そこから少なくとも何かの教訓を得ている。それを学ぶことができてよかったと考える、徹底した楽観主義である。**

悲観主義の人は陰気になる傾向があり、厭世《えんせい》的でもある。逆に楽観主義の人は、明るく、楽天的である。楽しいことを求めるのが人情であるから、楽観的な人のほうが好かれるのは当然だ。「能天気」な人は困るが、できるだけポジティブに考えて楽しくしようとしている人は、誰でも一緒にいたいと思う。楽観主義も人にかわいがられる条件の一つである。

92 小銭を借りない人

私有財産制の下では、人にものを借りる人は嫌がられる。貸した途端に相手の支配下に入ってしまうので、返ってくる保証はない。ただ相手の善意を信じて待つしかない。返ってくるまでは、大なり小なり不安な思いを持ち続ける。対価をもらって貸すことを商売にしている人でも、その点においては同じである。

すなわち、ものを借りるということは、相手を不安な思いにさせるということである。したがって、人に迷惑をかけないようにしようとする人は、できるだけ借りるという行為はしないようにする。好かれる人は、人から軽々しくものを借りないのである。

ビジネスの場では、パソコンなどの先端機器の時代になっても、「紙と鉛筆」は欠かすことができない。鉛筆はボールペンやシャープペンシルであるかもしれないが、その必携用品を持ち歩かないで、行き当たりばったりに人から借りる人がいる。たとえ使い捨ての安物ボールペンであっても、使い慣れたものには愛着がある。瞬間的とはいっても、貸すほうは人が使うことに対して不快感、ないしは抵抗感を感じるはずだ。

使って減るものではない、とよくいわれるが、これは借りて使う人の身勝手な言い分でしかない。厳密にいえば、どんなものでも使えば使っただけ、減価償却分減っている。それだけ相手の財産価値を減らす結果になっている、と考えるべきであろう。

特に、金を借りる場合については大きな危険がつきまとう。どこかに置いてある金や将来入ってくる予定のある金を当てにして借りるのであるが、それがなくなっていたり入ってこなかったりしたら、返せなくなる。すると貸した相手の被《こうむ》る迷惑は明白だ。しかし、借り手に返す意志がある場合は、まだ人間的に救いがある。

最も困るのは、小さい金額を借りて返さない癖のある人だ。 持ち合わせがないといって、タクシー代や電車賃を借りる人である。「貸してくれ」といわれた以上、返してもらえるものと期待している。借りた人は金額が小さいので忘れてしまうが、貸した人は覚えているのが、この世の常である。本人には騙す意思はなくても、寸借詐《さ》欺《ぎ》をしたのと同じ結果になる。それを二回以上繰り返せば、「常習犯」というレッテルを張られてしまうのは間違いない。

93

「うれしい気持ち」にケチをつけない人

その会社では一人ひとりにパソコンがある。しかし、一般の社員はデスクトップであるのに対し、管理職はノートパソコンであった。皆、ノートパソコンのほうが場所をとらなくて格好がよいし、持ち運びもできるので、前々からノートパソコンに替えてほしいと思っていた。そして、ようやく一般の社員にもノートパソコンが支給されることになった。

皆、大喜びだ。目を輝かせて嬉々としてキーに手を触れて、感触を楽しんでいる。早速、上司のところにいって、喜びを満面に見せて「ありがとうございました」という者もいる。上司も部下たちがそのように喜んでいる様子を見れば、気分もよい。

部下に感謝されて上機嫌で仕事に励んでいたその上司は、自分の仕事にひと区切りついたので、席を立って、オフィスの中をまわってみた。そして、部下の一人の席に行って、「新しいパソコンの調子はどうですか」と聞いてみた。すると「いいですが、上の人たちは皆、これまでずっと、このようによい思いをしていたのですね」という返事が返ってきた。上司としては感謝の表明がされるのを期待していたのに、皮肉っぽい恨み言を聞かされた。鼻白む思いになり、早々にその場を立ち去った。

その恨みがましい発言をした部下も、新しいノートパソコンを支給されて、うれしかったのである。しかし、それまで上司たちを羨ましく思っていた気持ちに焦点を当てて表現してしまった。過去に持っていた不満をぶちまけたかたちになるので、上司の機嫌が悪くなるのも無理はない。

それに反して、現在の喜びをそのまま表現して礼をいいにきた部下の率直さは、非常に光って見える。**うれしいことがあったら、その点だけに焦点を当てて喜び、その喜びをもたらすのに寄与した人に感謝の意を表明する。**感謝された人は、同じように喜ぶ顔を再度見たいと思う。それが人間の自然な感情である。

よく何か人にしてもらったときに、「同じしてくれるのであれば、もう少し早くしてくれたらよかったのに」などと思うことがある。しかし、それは自分勝手な願いであって、相手の人にもそれまではできなかった理由や事情がある。それに、してくれたことだって、まだ先に予定していたのに、早めにしてくれたのかもしれないのだ。

したがって、自分にとってうれしいことをしてもらったときは、現在目の前の事実を単純に喜ぶ。そして、その気持ちをそのまま率直に表現する。恨みがましいことをいったのでは、嫌われるばかりである。

94

「知らないこと」を認める人

　秘書の採用試験の面接をした。彼女に対してほかの試験官たちは、筆記試験の成績がよいしタイプのスピードも速いというので合格点を出した。しかし、私だけは否定的な判断をした。私がした質問に対して、すべてポジティブな答えが返ってきたからである。

　例えば、関連する業界の将来性について、すべての面においてプラス要因ばかりを強調する。現在の需給関係が変わってきたときには発展性は望めないのではないかといっても、伝統に育まれた底力のある会社であるから心配はない、などという「観測」をする。その姿勢に迎合的なにおいが感じられたので、その点が引っかかったのである。

　さらに、私が採用に否定的判断をした決定的な理由は、彼女が知ったかぶりをしたことである。少し専門的な用語を使って特殊な情況について説明し、それに関して質問をした。面接の間中、ずっと視線をそらさないで私のほうを見ていただけに、私の質問の内容を「完全に」理解していない点が、一瞬のとまどいとして彼女の目に現われたのがわかった。そつのない返事はしたものの、ちょっと的外れになっていた。

彼女が理解できなかった用語について説明を求めていたら、質問の内容を十分に理解できたはずである。そうすれば、もっと正鵠を得た解答なり意見なりを返すことができたに違いない。彼女としては、自分が知っていなくてはならないことであると、とっさの判断をしたうえで、自分の「推測」を入れて質問の内容を解釈したのだ。

特にビジネスの場では、知ったかぶりは非常に危険である。知らないことを基にして話を進めたり作業をしていったりすれば、いくら積み重ねをしていっても、まったく間違った方向に行ってしまうかもしれない。せっかく築いたと思っても、砂上の楼閣でしかない可能性が高い。

自分が知らないことは、その場ですぐに聞くのが原則だ。そうしないと、相手は知っているものと考えて話を進めていく。その場で説明をさせるという余分の労力を相手に強いることになるが、できるだけ完全なコミュニケーションを図るためには不可欠な作業である。

知らないことを知らないということができる人は信用できる。知らないとか、わからないとかいわない以上は、相手はすべてわかっていると考えてよいので、その点は安心していることができる。信頼しても、決して裏切られることのない人である。

95 至らなさを素直に謝る人

一九六〇年代のニューヨーク時代に始まり、いくつかの外国法律事務所における仕事に至るまで、私は多くの欧米人の女性秘書にいろいろと世話になった。私は運がよかったようで、皆、非常に有能であったうえに、私の伝統的日本人気質をかなりよく理解してくれていた。

きちんとした性格で、仕事は次々とビジネスライクに片づけていくと同時に、欧米的常識に欠ける、ないしはそれを無視しようとする私に対しては、適切な助言をしてくれたりもした。仕事に関しては、全幅の信頼を寄せるに足る秘書たちであった。

しかしながら、その人たちに共通に見られたことで、私がよく憤慨することがあった。仕事の仕方や成果について、私が気に入らなくて咎《とが》めるような口調になったとき、彼女たちは「そのようにしろとはいわなかった」といって反論するのである。自分は従来どおりのやり方でしているので、非難される理由はない、というのである。細かく指示しなかった私が悪いのであって、自分は悪くない、といって自分を弁護する。

いつもは信頼しきっている秘書でも、ついけなしたくなる瞬間である。確かに私は細かい指示はしなかったが、その作業の目的を考えれば自ずから、どのような作業の仕方や成果が要求されているかはわかるはずだ。それが私の言い分である。そのように説明をすると理解はしてくれるが、「最初からそのようにいってくれればよかったのに」と、あくまでも責任は私にあって、自分にはない点を強調する。

日本人の秘書の場合は、反応の仕方が異なる。まず、一応は謝る。そのうえで、言い訳をする者もいる。「知らなかったものだから」とか「そこまで考えなかった」とかいって、自分に思慮が足りなかった点を認める。したがって、言い訳とはいっても、自分が悪かったということは認めるのだ。もちろん、言い訳などは一切しないで、自分の至らなさを反省する風情の者もいた。ボスとしては、一層の信頼を寄せる結果になる人だ。

欧米人の場合は個人主義が確立されているので、よいことに対しては自分を主張し、悪いことに対しては自分を守ろうとする。したがって、悪いことについては「あなたがいわなかった」といって、相手を責めることによって自分を守る。**日本人の場合は、「和」を重んじるので、「私が至らなかった」といって自分を責めることによって、相手の気分をなだめようとする。**私としては、日本方式のほうが好きだ。

96

「売り込み」をしてもらうのがうまい人

総勢十四、五名の東京にある出張所である。メーカー向けの特殊な製品をつくっている本社工場は地方にあり、東京の出張所は首都圏における営業販売活動の拠点となっている。営業要員のそれぞれは特定の地区を担当しているため、ほとんど出歩いていて、事務所にいるのは朝夕の短い時間だけである。それぞれが営業成績を競うかたちで販売の促進に走り回っているので、出張所長への報告や相談もほとんど携帯電話ですませ、全員が参加する連絡会議は週に一回である。

営業所には、ときどき本社から営業担当の役員がやってくる。連絡会議に出席することもあるが、大抵は所長との打ち合わせと大手の得意先へのあいさつ回りが目的である。その役員が上京してくる日は、営業担当者は普段は外を飛び回っている時間帯であっても、事務所で書類整理をしたり、電話をしたりしている者が多い。しかも、事務所にいるときは、いつも疲れを休める風情の者が多いのに、皆、はつらつとしてデスクワークをしている。

役員にあいさつをしたり、営業について「最近はどうだ」などと聞かれると、自分の仕事に関するよいニュースを詳細に伝えようとしている。**いわば、役員のご機嫌をとり、自分の「売り込み」を図っているのだ。**

そのような情況はそれほど不自然なことではないが、所長としてはあまり面白くない。いつも同じ所員が同じように直属の上司である自分を飛び越えて、役員に直接報告をしているからである。

もちろん、所長をまったくないがしろにしているというわけではないので、目くじらを立てるほどのことではない。しかし、役員におべっかを使って自分の覚えをめでたくしようとする意識が働いていることは見てとれる。わざわざ事務所内に残っていて、声をかけられる、ないしはあいさつをする機会をうかがっている気配が明らかだからである。

そうなると、所長としては、いつものように外で走り回っている所員のほうがかわいい。役員に対して直接に働きかけず、自分に対して一途に「忠誠」を示してくれているからである。そこで、役員の来所中、所内にいない者について、その努力と実績、さらに得意先の評判のよいことなどについて称賛し、役員に対する「売り込み」をすることになる。**本人自身による売り込みよりも、上司による売り込みのほうが信憑性があるのは当然だ。**

97

義務でないことをする人

秘書と上司の関係は緊密である。一心同体になっていないと、お互いにうまく機能しない。秘書は常に上司の仕事がスムーズにはかどるようにと考え、上司も秘書の仕事がしやすいようにと気を使っている必要がある。秘書は上司に一方的に尽くすものだと誤解して、ふんぞり返っている上司がいるが、それでは人間関係がぎくしゃくしたものになる。そうなると、仕事にも支障が生じるのは時間の問題である。

仕事の場であるとはいえ、相手のことを突き詰めて考えていくと、個人的なことにも首を突っ込んでいく結果になる。

例えば昼食をとることは仕事の一部ではないが、どのような昼食を、いつ、どのようにしてとるかということは、仕事にも大きな影響を与えることになる場合がある。したがって、上司が忙しくて昼食をとる時間がなさそうなときは、秘書は、その対策を講じることになる。弁当を買ってくるとか出前の手配をすることを考える。

このようなことは秘書の「義務」ではない。しかし、上司の仕事が順調にはかどるようにするためには必要なことである。

このように、**ビジネスとプライベートとの中間にある、いわゆる「グレーゾーン」の部分にまで秘書が進出するかどうかは、常にその場の情況を見て判断しなくてはならない。**仕事のために必要だと思ったら、タイミングよく「世話を焼く」のがコツである。秘書が適切に神経を使い、それに対して上司が感謝するという構図が出来上がってくると、呼吸の合った人間関係になってくる。尽くす喜び、尽くされる喜びが生まれてくる。

上司の世話を焼くあまり、また、秘書の献身的努力に頼るあまり、このグレーゾーンを超えてしまうと、完全に公私混同の世界になる。上司が男性で秘書が女性であれば、欧米の漫画や映画の中でよく描かれている愛人関係ないしはそれに近い関係に発展していく危険性もある。男と女の間は、尽くしすぎたり頼りすぎたりすると、一方が異性として好かれていると誤解することがあるからだ。

仕事の場で義務を超えた「親切なサービス」をする人は、相手に気に入られる。しかし、その場合はビジネスとプライベートのグレーゾーンにとどめることを常に意識して、そこから先へは踏み出さないようにする。そのような節度があれば、周囲にいる人や第三者からも好意の目で見られるはずだ。

98

「ちょっと待って」といわない人

話しかけても、「ちょっと待ってください」といって、すぐには振り向いてもくれない人がいる。自分がしていることをまず片づけてから、と考えている。自分のペースを乱されたくないのである。たとえ相手が目上の人であっても、斟酌《しんしゃく》することはない。自分は自分にとって重要なこと、ないしは自分がしなくてはならないことをしているので、それを終えるのが先決であるというのだ。

しかしながら、声をかけてきた人の用件の重要度は、極めて高いものであるかもしれない。緊急を要することであるかもしれない。したがって、**まず「はい」といって用件を聞いてみるべきである。**相手もこちらの置かれている情況を観察し、ある程度は考えたうえで声をかけてきているはずだ。

相手が上司であろうと目上であろうと構わずに「まずは待て」という反応の仕方は、非常に生意気な態度であると見られる。たとえ皆のための仕事をしている最中であっても、自己中心的な振る舞いであるとして、人の反発を買うのは間違いない。

待てといわれることは、瞬間的にではあれコミュニケーションを拒否されたことである。待たされたら気が変わることはよくある。何かを買おうと思って店に入っても、待たされて嫌になり、買う気がなくなった経験は誰にでもあるはずだ。

人に話しかけるときは、自分の心を開いて相手に接触しようとしているのである。自分のコミュニケーションのチャンネルを開いている状態である。ところが、相手がチャンネルを開いてくれなければ、働きかけようとする気持ちも萎えてしまう。結果的に、話しかけてきた人の心も閉じてしまうのだ。

たとえ手が離せないことをしていたとしても、一応は話を聞く姿勢さえ示せば、話しやすい性格だと受け取ってもらえる。人をいつでも受け入れる用意があるという開放的な性格の人は、人が近づきやすく、それだけ人に愛される結果になる。

役所や銀行の窓口で、即座に対応をしてもらえると気分がよい。こちらを一瞥《いちべつ》しただけで「少々お待ちください」といわれると、慇懃無礼に感じる。自分勝手で冷たい感じを受ける。

同じように、「いつでもお役に立つ準備ができています」という感じで反応してくれない人には温かみが感じられない。できれば敬遠したくなるところであり、顔を合わせたくないと思う。

99

すべてに潔く行動できる人

　自分が悪いことをして責められると、いろいろと言い訳をして自分を正当化しようとする人がいる。こういう人は負けたときも、さまざまな理由を述べて、本当なら勝てたはずだなどという。このような性行はすべて、自分にとって不利になることは認めたくないという気持ちに起因するものである。できるだけ自分を「美化」しようとする欲があるからにほかならない。

　そのような欲を捨てることができる人には、すがすがしさがある。自分が悪いことをしたら率直に認めて謝り、償いもきちんとする。負けたら、勝った相手に対して惜しみない拍手を送る。自分や自分が置かれている情況を客観的に眺めることができるので、つまらぬ意地を張って事実を曲げて解釈しようなどとは考えない。

　諦めのよい人であり、潔い人である。過去に起こったことは、たとえ自分にとってマイナスのことであっても、そのまま背負っていこうとする勇気のある人だ。責任逃れをしようなどと姑息なことは考えない。過去の荷物をすべて抱え込んだうえで、視点は将来に置いている。

諦めがよくて、潔く生きようとする「美学」があるので、引き際がきれいだ。転職であれ退職であれ、見極めのつけ方がすっきりしている。そのうえで、それまでの人間関係も大切にし、恒久的なものとして温存しようとする。必然的に別れ際はきれいになる。

そのような人と一緒に働いていたときの情況は、別れた後も記憶に残る。さらに、別れ際の感じがよければ、その印象はもっと鮮やかになる。ちょうど第一印象に永続性があるように、「最終印象」のインパクトも大きい。最新の映像であるから、記憶が鮮明であるのも道理である。

退職金を多く支払わせようとしたり、「後は野となれ山となれ」とばかりに手抜きの仕事をしたりすれば、たとえそれまでの仕事ぶりがよかったとしても、すべてが台無しだ。誰もが二度と会いたくないと思う。仕事の切れ目が縁の切れ目とでもいうべき結果になってしまう。

「立つ鳥跡を濁さず」である。この心得は、仕事の場を去るときだけではなく、日々のビジネスや生活の場の中でも守る必要がある。すなわち、仕事の一つひとつ、人との接触の一つずつにおいて、きれいに「片づける」ことを励行してみるのだ。そうすれば、清く正しく美しく振る舞う結果になり、好感度も上昇するはずである。

100

「食事」を共にしたくなる人

若い独身のイギリス人女性が日本の支店に赴任してきた。個性的で上品な顔立ちで、スタイルもよく頭脳明晰だ。人の気をそらさぬ話し方でユーモアもあり、話していて非常に楽しい人である。歓迎の意をこめて少人数で一緒に昼食をとったが、折り目正しいマナーで食べていた。

ところがその後、大勢で夕食会をしたとき、たまたま席が近くであったのだが、びっくりしてしまった。酒が入って話に興が乗ってくると、ひどい食べ方になったのである。テーブルに肘《ひじ》をつき、フォークで料理をかき回し、皿を叩く音を立てながら食べている。

マナーとか何とかの問題ではない。「食事をする」という人間的な行為というよりも、動物がエサをつついている図でしかない。あまりにもひどい食べ方なので、気になって食事も喉《のど》を通らなくなってしまった。チャーミングな女性であると思っていただけに、幻滅の度合いも甚だしかった。

一緒に食事をするときは、料理や酒がおいしかったというだけでは物足りない。優雅で楽しい時間と空間を「共有した感動」が味わえなくては、意味がないに等しい。「ああ、おいしかった」というだけでは十分でなく、「一緒に楽しい時間を過ごせてよかった」という話にならなくてはならない。

そのためには、自分勝手にエサをつつくような利己的な食べ方をしてはいけない。きちんと最低限のマナーを守って食事をすると同時に、一緒に食べている人も楽しんでいるかどうかに気を配る心がけも必要だ。食の作法は万物の霊長である人間に特徴的なものであり、それがなかったら「人間的」ではなく「動物的」になってしまう。

食事は社交の手段として最も基本的なものであり、それだけに一緒に食事をすれば、その人となりや習慣など、その人に関する情報がほとんど手に入る。プライベートの場でどのような生活をしているかも推測することが可能だ。自宅に隠しカメラを仕掛けなくても、食事場面を見れば、日常の生活態度を垣間見ることができる。

頻繁に食事に誘われるときは、相手にかわいがられている証拠である。人間としての波長が合っていて、同じ時間を一緒に過ごしたいと思われている。逆に、人から食事に誘われないときは、自分には何か人間的に欠陥があると考えてよい。マナーが悪くて人を不快にさせることが多いのではないか、自分勝手で利己的な振る舞いをするので嫌がられているのではないか、などと反省してみたほうがよい。

（了）

本書は、小社より刊行した『ちょっとしたことでかわいがられる人、敬遠される人』を、改題したものです。

ちょっとしたことで「かわいがられる」人《ひと》

著　者——山﨑武也（やまさき・たけや）
発行者——押鐘太陽
発行所——株式会社三笠書房
〒102-0072 東京都千代田区飯田橋3-3-1
電話：(03)5226-5734（営業部）
　　：(03)5226-5731（編集部）
http://www.mikasashobo.co.jp
印　刷——誠宏印刷
製　本——若林製本工場
ISBN978-4-8379-2673-3 C0030